النظـام الأخلاقـي والتربيـة الإسلامية

الدكتورة
هدى علي جواد الشمري
طرائق تدريس التربية الإسلامية

الأستاذ الدكتور
سعدون محمود الساموك
كلية الشريعة – الجامعة الأردنية

الطبعة الأولى
2006
دار وائل للنشر

رقم الايداع لدى دائرة المكتبة الوطنية : (2005/11/2637)
212
الشمري , هدى
النظام الاخلاقي و التربية الاسلامية / هدى الشمري , سعدون الساموك .
- عمان: دار وائل ، 2005.
(193) ص
ر.إ. : (2005/11/2637)
الواصفات: الاداب الاسلامية / الاخلاق / الاسلام
* تم إعداد بيانات الفهرسة والتصنيف الأولية من قبل دائرة المكتبة الوطنية

ISBN 9957-11-645-2 (ردمك)

* النظام الأخلاقي و التربية الإسلامية
* الدكتورة هدى الشمري - الاستاذ الدكتور سعدون الساموك
* الطبعـة الأولى 2006

علم ينتفع به

دار وائـــل للنشر والتوزيع
* الأردن - عمان - شارع الجمعية العلمية الملكية - مبنى الجامعة الاردنية الاستثماري رقم (2) الطابق الثاني
هـاتف : 00962-6-5338410 - فاكس : 00962-6-5331661 - ص. ب (1615 - الجبيهة)
* الأردن - عمـان - وسـط البلـد - مجمـع الفحيص التجـاري- هـاتف: 00962-6-4627627
www.darwael.com
E-Mail: Wael@Darwael.Com

بسم الله الرحمن الرحيم

الإهــداء

إلى من كان :

تربويــاً في قراراتـــه ....

وأخلاقيــاً في تعــامله ....

وإسلامياً في سلوكياته ....

إلى الأستاذ الدكتور:

عبد الرحيم الحنيطي

رئيس الجامعة الأردنية

بسم اللهِ الرحمن الرحيم

المقدمة

أصبح الاهتمام بالأخلاق الإسلامية أمر لا بد منه سواء أكان ذلك الاهتمام بالمجتمع ككل أم في محيط الجامعة والمدرسة حيث الجيل الصاعد الذي سيكلف بعدها بإدارة شؤون الأمة ورعايتها وتمشيتها.

وأول الأمور التي لا بد من توعية الجيل الجديد عليها، أن المثقف المسلم لا بد أن يتمتع بفهم مكانة الأخلاق ومنزلتها وفضلها وبين يديه كتاب اللهِ وسنة نبيه صلى اللهِ عليه وسلم.

ففي كتاب اللهِ، فإن اللهِ تعالى أرسل رسوله الكريم صلى اللهِ عليه وسلم مثالاً للخلق المطلوب فقال فيه: (**وَإِنَّكَ لَعَلَى خُلُقٍ عَظِيمٍ**) (القلم:4)، ووعد سبحانه وتعالى من يستقيم والاستقامة هي مجموعة فضائل بالجنة فقال تعالى (**إِنَّ الَّذِينَ قَالُواْ رَبُّنَا اللَّهِ ثُمَّ اسْتَقَامُواْ تَتَنَزَّلُ عَلَيْهِمُ الْمَلاَئِكَةُ أَلاَّ تَخَافُواْ وَلاَ تَحْزَنُواْ وَأَبْشِرُواْ بِالْجَنَّةِ الَّتِي كُنتُمْ تُوعَدُونَ**) (فصلت: 30). وغاية الأخلاق التي يطالبنا الباري عز وجل بتطبيقها، هي إقامة العدل والقسط بين الناس. قال تعالى: (**لَقَدْ أَرْسَلْنَا رُسُلَنَا بِالْبَيِّنَاتِ وَأَنزَلْنَا مَعَهُمُ الْكِتَابَ وَالْمِيزَانَ لِيَقُومَ النَّاسُ بِالْقِسْطِ**) (الحديد: 25).

وفي التركيز على كتاب اللهِ وتدبره، نجد تركيزاً كبيراً على الجانب الأخلاقي، ترغيباً في محاسنها وترهيباً في مساوئها، لكي يربى عليها المسلم وتتأصل معانيها في نفسه لتكون له طبعاً وسجية.

وفي سنة الرسول صلى اللهِ عليه وسلم، نجده يثني على محاسن الأخلاق ويحذرنا من مساوئ عدم الإتيان بها.. فوصفها بالبر قائلاً: "البر أحسن الخلق"[(1)].

(1) مسلم، الجامع الصغير، كتاب البر، ص 7/8.

أما دخول الجنة فقد كان طريقه تقوى اللهِ وحسن الخلق. روى أبو هريرة رضي اللهِ عنه قوله "سئل رسول اللهِ صلى اللهِ عليه وسلم من أكثر ما يدخل الجنة فقال "تقوى اللهِ وحسن الخلق"[1]. وقال "ما من شيء أثقل في الميزان من حسن الخلق"[2]. وقال "أكمل المؤمنين إيماناً أحسنهم خلقاً"[3]. وكان رسول اللهِ صلى اللهِ عليه وسلم يدعو به ليبلغه أحسن مراتب الأخلاق، ولا شك في أن دعاءه تعليمي لنا. إذ أنه موصوف من قبل اللهِ تعالى بأنه على خلق عظيم.. فكان صلى اللهِ عليه وسلم يقول: "اللّهم اهدني لأحسن الأخلاق فإنه لا يهدي لأحسنها إلا أنت واصرف عني سيئها فإنه لا يصرف سيئها إلا أنت"[4].

وما كان نزول شرع الإسلام إلا لإكمال ما أراد الباري عز وجل نشره بين الخلق. فكان إتماماً للمكارم وتثبيتاً للصالح منها. قال صلى اللهِ عليه وسلم "إنما بعثت لأتمم مكارم الأخلاق"[5]. وقال "إنما بعثت لأتم صالح الأخلاق"[6].

لقد وضع الإسلام الحنيف المرشدين والموجهين والتربويين أمام النماذج الأخلاقية والسلوكية في القرآن الكريم والسنة النبوية الشريفة ليتمكنوا منها في إصلاح أنفسهم أولاً ومن ثم مواجهة الهجمات الشرسة من أعدائها والتي تستهدف النيل من الأخلاق والسلوك الإسلامي لإحلال الإباحية والمفاهيم الاجتماعية الجديدة التي تناهض الإسلام. فإذا ما وجد المرء قيماً أخلاقية عالية في الفكر الغربي الذي ينتشر اليوم. فمصدره المبدأ النفعي وليس الفكر الديني فهم حين يصدقون في أمر فإنهم يكذبون في آخر، أو يموهون ومبدؤهم يقول "اكذب حتى يصدقك الناس" بينما

(1) النووي، رياض الصالحين، ص 227.
(2) أبو داود، السنن (كتاب الأدب) 4/ 352.
(3) النووي، رياض الصالحين، ص 117.
(4) أحمد بن حنبل، المسند رقم الحديث 805.
(5) أحمد بن حنبل، الحديث 2/ 381.
(6) المصدر السابق الحديث رقم 8729.

في الإسلام مبدأ أكبر وأعظم حيث يقول الباري عز وجل (**إِنَّ الَّذِينَ قَالُواْ رَبُّنَا اللَّهُ ثُمَّ اسْتَقَامُواْ تَتَنَزَّلُ عَلَيْهِمُ الْمَلاَئِكَةُ أَلاَّ تَخَافُواْ وَلاَ تَحْزَنُواْ وَأَبْشِرُواْ بِالْجَنَّةِ الَّتِي كُنتُمْ تُوعَدُونَ**) (فصلت: 30) ثم إن الذين يقولون ربنا الله ثم استقاموا هم المؤمنون وهم من يقول عنهم سبحانه وتعالى (**يَاأَيُّهَا الَّذِينَ آمَنُواْ اتَّقُواْ اللَّهَ وَقُولُواْ قَوْلاً سَدِيداً * يُصْلِحْ لَكُمْ أَعْمَالَكُمْ وَيَغْفِرْ لَكُمْ ذُنُوبَكُمْ**) (الأحزاب: 70-71).

روي عن رسول الله صلى الله عليه وسلم وصية لمعاذ بن جبل رضي الله عنه قال فيها: "يا معاذ أوصيك باتقاء الله وصدق الحديث والوفاء بالعهد وأداء الأمانة وترك الخيانة وحفظ الجار ورحمة اليتيم ولين الكلام وبذل السلام وحسن العمل وقصر الأمل ولزوم الإيمان والتفقه في القرآن وحب الآخرة والجزع من الحساب وخفض الجناح وأنهاك أن تسب حكيماً أو تكذب صادقاً أو تطيع آثماً أو تعصي إماماً عادلاً أو تفسد أرضاً وأوصيك باتقاء الله عند كل حجر وشجر ومدر وأن تحدث لكل ذنب توبة السر بالسر والعلانية بالعلانية". وقد كان الرسول صلى الله عليه وسلم في مفردات توجيهاته هذه، قد جعل لكل مفردة موضوعاً أخلاقياً قائماً بذاته ودرساً في السلوك الأخلاقي العالي.. وهو خلاصة لكل ما جاء في القرآن الكريم من معاني الأخلاق والتي لو سلكها المسلم لامتلك الدنيا والآخرة..

ومن هنا كما سبق أن قلنا أصبح الاهتمام بمعاني تلك الأخلاق وإشاعتها في كل محيط اجتماعي في هذه الأمة أمراً لا بد منه ولا بد من التركيز عليه وتدريسه بشكل أكاديمي جيد.. فهو السبيل لتعريف أجيالنا بمضمون ديننا الحنيف الذي لم يترك صغيرة أو كبيرة إلا أحصاها.

والحمد لله رب العالمين

المؤلفان

الوحدة الأولى
الأخلاق الوضعية

المفهوم الوضعي للأخلاق

الأخلاق النظرية

المفهوم الإسلامي للأخلاق

أهداف الدراسات الأخلاقية عند الوضعيين

تاريخ الدراسات الأخلاقية وعلم الأخلاق

التطور التاريخي لعلم الأخلاق

الدين والأخلاق الوضعية

أنواع الأنساق الأخلاقية

واجبات العاملين في مجال علم الأخلاق

الألفاظ المستخدمة في لغة الأخلاق

الفعل الأخلاقي والسايكولوجية

طبيعة الحكم الأخلاقي عند الوضعيين

النظريات الأخلاقية الوضعية

أفلاطون والفضائل

مفهوم أرسطو للفضيلة

تأثير النظرية الأخلاقية على التطبيق

مصادر الأخلاق عند الوضعيين

الأخلاق الدينية

الأخلاق في الديانة اليهودية

الأخلاق في الديانة النصرانية

في هذه الوحدة سنقدم تعريفاً بالأخلاق عند الوضعيين وهذا يستدعي معرفة مفهوم الأخلاق الوضعية والأخلاق النظرية ثم نقارنها بمفهوم الأخلاق عند الإسلاميين. ثم نعرّج على أهداف الدراسات الأخلاقية عند الوضعيين، واستعراضاً تاريخياً لعلم الأخلاق في فترات ثلاثة وتطور ذلك العلم. ومن ثم استعراضاً مقارناً للدين بالأخلاق الوضعية والأنساق الأخلاقية وواجبات العاملين في حقل الأخلاق والألفاظ التي تستخدم في لغة الأخلاق وعلاقة الفعل الأخلاقي بالسيكولوجية الفردية وطبيعة الحكم الأخلاقي عند الوضعيين.

وبعد ذلك نعرج على النظريات الأخلاقية الوضعية ومذاهبها ثم بيان الفضائل الأفلاطونية والأرسطوطاليسية وتأثير النظرية الأخلاقية على التطبيق ونبين مصادر الأخلاق عند الوضعيين بوجوه ثلاثة.. لندخل بعدها إلى الأخلاق الدينية مبتدئين بالأخلاق في الأديان القديمة الوضعية ووصولاً إلى الأخلاق عند اليهود والنصارى.

مع ضرب بعض الأمثلة على المجالات الأخلاقية عند اليهود والنصارى وبيان فيما إذا كان أتباع تلك الديانتين يطبقان ما تنهى عنه أديانهما من قيم غير خلقية في واقعهم الحياتي وفيما إذا كانا يكيلان بهما بمكيالين سلبي وإيجابي مع التزام الحياد التام في عرض الموضوع.

المفهوم الوضعي للأخلاق

الأخلاق علم معياري للسلوك.. والسلوك اسم جمعي للأفعال الاختيارية وهذا الاختيار وتلك الحرية هما ما يميز سلوك الإنسان عـن غـيره مـن المخلوقات، ومـن ثـم فـإن الأفعال الاختيارية تشتمل على كل أفعال المشيئة أو الإرادة، وتشتمل كـذلك على الأفعـال اللاإرادية والاعتيادية كغلق العين أمام الضوء القوي، أو كامتصاص الطفل لإصبعه لكن بشرط أن يكون في مقـدور الفعـل صُـنع أو تغـيير أو تعـديل الفعل بمحـض إرادتـه[1]. وهـو العلـم المعياري لسلوك الكائنات البشرية التي تحيا في المجتمعات، وأنه العلم الذي يحكم على مثل هذا السلوك بالصواب أو الخطأ بالصلاح أو بالطلاح وهذا التعريف يتضمن ما يلي:

1- إن الأخلاق علم.

2- يمكن تحديد العلم بأنه على نسق معرفي لمجموعة وقائع جزئية مترابطة.

3- النسق، لفظة تميز المعرفة العلمية عن المعرفة العادية التـي تتصـف بالعشـوائية واللاترابط.

وعلم الأخلاق يعالج أحكاماً معينة يصدرها على السلوك الإنساني.

ومن هذا نستنتج ما يلي:

1- أن المتعامل مع علم الأخلاق، يتعامل مع أفعال إنسانية مختارة.

2- أن هذا العلم يقتصر على علاقة الفرد بغيره من الأفراد في المجتمع.

3- أن علم الأخلاق علم معياري لا يتوقف عند الوصف وإنما يصدر أحكاماً قيمية.

4- أن كلمة الأخلاق مشتقة من الكلمة الإغريقية "Custom" أي العادة-فتنحصر- فيما هو "معياري" أي فيما يجب أن نفعله وفيما يجب أن نفكر

---

(1)   انظر مقدمة في علم الأخلاق، وليام ليلي، ص 27.

فيه بحيث يكون خيراً وصواباً، وبذلك يمكن أن نحكم من خلال مفهوم الأخلاق على ما هو صواب أو خطأ أو ما هو صالح أو طالح في السلوك ونصل من خلالها، أي إيجاد الترابط المنطقي القائم بينها لنصدر فيها حكماً "أخلاقياً".

الأخلاق النظرية: إن نمو التيارات الفكرية الجديدة هي عودة إلى الفلسفة الأخلاقية الفطرية، فهي محل طلب في كل مكان، تغرس بمشقة معاييرها وقيمها في أرض هي أساسها ومسوّغها.

والأخلاق تعني باللغة الإغريقية، العادات الأخلاقية -كما مر بنا- والأخلاق النظرية هي قواعد السلوك التي تشكل الأخلاق (الخير والشر) التي تتجمع وسط الآخرين[1].

المفهوم الإسلامي للأخلاق:

الخلق هيئة راسخة في النفس، تصدر عنها الأفعال الإرادية من حسنة وسيئة وجميلة وقبيحة، وهي قابلة لتأثير التربية الحسنة والسيئة فيها، فإذا ما ربيت هذه الهيئة على إيثار الفضيلة والحق وحب المعروف والرغبة في الخير وروضت على حب الجميل وكراهية القبيح، وأصبح ذلك طبعاً لما تصدر عنه الأفعال الجميلة بسهولة ودون تكلف قيل فيه: خلق حسن.

ونعتت تلك الأفعال الجميلة الصادرة عنه بدون تكلف بالأخلاق الحسنة. كما أنها إذا أهملت فلم تهذب التهذيب اللائق بها ولم يعن بتنمية عناصر الخير الكامنة فيها أو ربيت تربية سيئة حتى أصبح القبيح محبوباً لها والجميل مكروهاً عندها، وصارت الرذائل والنقائض في الأقوال والأفعال تصدر عنها بدون تكلف قيل فيها خلق سيئ.

(1) الفكر الأخلاقي المعاصر، جاكلين روس، ص 11.

وسميت تلك الأقوال والأفعال الذميمة التي تصدر عنها بالأخلاق السيئة وذلك كالخيانة والكذب.

أثنى اللهِ على نبيه الكريم بقوله **(وَإِنَّكَ لَعَلَى خُلُقٍ عَظِيمٍ)** (سورة الأعراف).

وهي في "اللغة" بضم اللام وسكونها السجية والطبع والمروءة والدين. والجمع أخلاق[1]. وإنها صورة الإنسان الباطنية وهي نفسه وأوصافها ومعانيها المختصة بها بمنزلة الخلق بصوره الظاهرة وأوصافها ومعانيها.

وجاءت كلمة "الخلق" في البلاغة بمعنى "التقدير" واستعملت في القرآن مجازاً بمعنى "الإيجاد بتقدير وحكمة" يقال: "رجل مختلق" أي حسن الخلقة" يقال: رجل له خلق حسن وخليقة، وهي ما خلق عليه من طبيعته وتخلق بكذا وهو خليق لكذا كأنما خلق وطبع عليه، ويقال امرأة خليقة أي ذات خلق وجسم.

من هذا يتبين أن معنى الخلق: هو الخلق بحسن التقدير والحكمة ويشمل الخلق ما هو على هيئة جميلة، ومن هنا استعمل للسلوك على نهج مستقيم جميل.

ووردت كلمة "الخلق" في القاموس المحيط بمعنى السجية والطبع والصورة والدين والخلقة بمعنى الفطرة والخلق بمعنى التقدير.

أما في لسان العرب فإن الخلق هو الطبيعة وجمعها أخلاق، والخلق: السجية. وقال الخلق هو الدين والطبع والسجية، وحقيقته أنه وصف لصورة الإنسان الباطنة وهي نفسه وأوصافها ومعانيها المختصة بها بمنزلة الخلق بصورته الظاهرة وأوصافها ومعانيها، ولها أوصاف حسنة وقبيحة[2].

وقالوا: في معرض حديثهم: خالق مخالقة أي عاشرهم بخلق حسن، وتخلق بأخلاقه أي تابع بطباعه[3].

---

(1) القاموس المحيط، وانظر انموذج تهذيب الأخلاق عند الغزالي، ص 136.

(2) لسان العرب (مادة الخلق)، وانظر مقداد يالجن، الاتجاه الأخلاقي، ص 34.

(3) مجلة التراث، ص 212.

فمن هذا العرض اللغوي للأخلاق، يتبين أن هناك ثلاثة معان له هي:

الأول: الخلق يدل على الصفات الطبيعية في خلقة الإنسان الفطرية على هيئة مستقيمة متناسقة.

الثاني: تدل الأخلاق أيضاً على الصفات التي اكتسبت وأصبحت كأنها خلقت مع طبيعته.

الثالث: أن للأخلاق جانبين، جانباً نفسياً باطنياً وجانباً سلوكياً ظاهرياً[1].

أما اصطلاحاً: فقد عرفها الغزالي "رحمه اللهِ" بأنها "هيئة في النفس راسخة. عنها تصدر الأعمال بسهولة ويسر من غير حاجة إلى فكر وروية.

قول الإمام الغزالي رحمه اللهِ أن كل صفة تظهر في القلب يظهر أثرها على الجوارح حتى لا تتحرك إلا على وفقها لا محالة[2].

ويعرفها ابن مسكويه بأنها حالة للنفس داعية لها إلى أفعالها من غير فكر أو روية[3].

ويمكن أن نتبين من ذلك:

أن الإمام الغزالي يرى أن الخلق هيئة في النفس تتعلق بالجانب الإرادي الذي يخضع إلى المدح والذم أي أنه قوة راسخة تنزع بها إلى اختيار ما هو خير وصلاح أو اختيار ما هو شر وجور.

إن الخلق هيئة راسخة أي مستقرة لأنها إن لم تكن راسخة فليست جديرة أن تسمى خلقاً. كما وأن الاستقرار يرتبط بالدوافع أو الغرائز التي يعرفها "ماكدوجال"

---

(1) مقداد يالجن، الاتجاه الأخلاقي، ص 34.

(2) معول الدعوة، ص 81,

(3) ابن منظور، لسان العرب، مادة خلق.

بأنها استعداد عصبي نفسي يدفع صاحبه إلى أن ينتبه ويدرك مثيرات من نوع معين ويشعر بانفعال من نوع خاص عند إدراكها ويسلك نحوها مسلكاً خاصاً"[1].

ولا بد أن تكون الهيئة راسخة لتصدر عنها الأفعال أو السلوك لأن تكرر صدور الأفعال يؤشر على وجود قوة راسخة ونزعة ثابتة وأن صدور هذا الفعل يكون تلقائياً وليس لاستجابات خارجية كالخوف والحياء والرجاء لأن الأخيرة لا تصدر عن سجية وخلق وإنما تصدر عن تكلف.

وصدور الفعل عن هيئة راسخة كما يعنيها الغزالي رحمه اللهِ لا بد أن يكون بصورة عفوية تلقائية لا تخضع للحساب والمراجعة وتقليب الرأي، لأنها ستكون نزعة نفعية براجماتية بعيدة عن الإسلام.

ونذكر بعض التعاريف الاصطلاحية التي يتفق معظم المفكرين الإسلاميين عليها ومنها: أن "علم الأخلاق، علم يوضح معنى الخير والشر ويبين ما ينبغي أن تكون عليه معاملة الناس بعضهم بعضاً، ويبين الغاية التي ينبغي أن يقصدها الناس في أعمالهم وينير السبيل لعمل ما ينبغي"[2].

والأخلاق "مجموعة من المعاني والصفات المستقرة في النفس وفي ضوئها يحسن الفعل في نظر الإنسان أو يقبح ومن ثم يقدم عليه أو يحجم عنه"[3].

ورب سائل يسأل: هل أن جميع الأعمال التي تصدر عن المرء تدخل ضمن موضوع علم الأخلاق؟ فالجواب عن هذا السؤال هو أن أعمال الإنسان ثلاثة: إرادية أي أنها تخرج أو تحصل بإرادة الإنسان وتحكيمه لعقله فيها، والثانية، ما تصدر عن غير قصد أو تحكم، والثالثة، هي التي يمكن أن يحتاط لها المرء قبل وقوعها أن -كانت لا إرادية. فبناء مستشفى مثلاً يقصد منه منفعة الناس وخدمة

(1) د. مختار حمزة "مبادئ علم النفس"، ص 107.
(2) أحمد أمين، كتاب الأخلاق، ص 12.
(3) زيدان، أصول الدعوة، ص 81.

المرضى هي عمل إرادي يدخل ضمن موضوع علم الأخلاق وكذلك العزم على قتل العدو أو تنفيذه. كل ذلك يدخل ضمن الإرادة الإنسانية، وكلا العملين يمكن أن يحكم عليهما بأنهما خير أو شر، ويحاسب الإنسان على ما آتاه منها. أما الثانية فهي أن تحصل بعض الأعمال وفاعلها غائب عن الوعي مثلاً كالنائم الذي يتسبب في حريق أثناء نومه، أو العكس، قد يطفئ حريقاً أثناء نومه، فإن عمله هذا في كلا الحالتين لا إرادي وليس لعقله أو لإرادته أي أثر في فعله، لذلك فإنه لا يمكن أن يحكم على عمله هذا خيراً أو شراً فلا يدخل عمله إذن في موضوع علم الأخلاق، أما إذا كان الفعل أثناء النوم ناتجاً عن مرض كان بإمكان المرء أن يعالجه وألا يتسبب من جراء إهماله في العلاج في أعمال مضرة بالناس أو بالمجتمع، فإن عمله هذا يدخل ضمن موضوعات علم الأخلاق لأن الأصل فيه إهمال المرء لنفسه ومعالجة أمراضه التي تتسبب في تأذية الآخرين. فهذا كمن يضطره الجوع إلى السرقة أو القتل فإن المرء في عمله هذا مسؤول عن عمله خلقياً.

وخلاصة القول، أن علم الأخلاق هو الأعمال التي صدرت من العامل عن عمد واختيار، يعلم صاحبها وقت عملها ماذا يعمل، وهذه هي التي يصدر عليها الحكم بالخير أو الشر، وكذلك الأعمال التي صدرت لا عن إرادة ولكن يمكن الاحتياط لها وقت الانتباه والاختيار. وأما تصدر لا عن
إرادة وشعور ولا يمكن الاحتياط له فليس في موضوع علم الأخلاق[1].

"وتطلق كلمة الأخلاق على مجموعة من الأفكار والأحكام والعواطف والعادات التي تتصل بحقوق الناس وواجبات بعضهم تجاه بعض والتي يعترف بها ويقبلها الأفراد بصفة عامة في عصر معين أو في حضارة معينة[2].

---

(1) أحمد أمين، كتاب الأخلاق، ص 14.

(2) ليفي بريل، الأخلاق ص 169، ترجمة د. محمود قاسم، انظر ذلك مفصلاً في الاتجاه الخلقي، مقداد يالجن، ص 36.

ومنهم من يعرف الأخلاق بالسلوك الإنساني كما ينبغي أن يكون[1]. ويعني النظام الأخلاقي لتنظيم حياة الإنسان على نحو يحقق الغاية من وجوده في هذا العالم على أكمل وجه[2].

وقد سمى بعض المسلمين الأخلاق بأنها علم الواجب، أي أنها علم يعرف الإنسان الواجبات كما يجب أن يفعلها[3]. فالأخلاق إذن أنماط سلوك الإنسان في الحياة سواء أكان هذا السلوك ظاهراً أو باطناً يصدر من الإنسان بإرادة ويهدف إلى تحقيق غاية[4].

أهداف الدراسات الأخلاقية عند الوضعيين:

تهدف الدراسات الوضعية الأخلاقية إلى واحد مما يلي:

1- أن عالم الأخلاق هو دراسة نظرية صرفة تستهدف فهم طبيعة الأخلاق دون أن يكون لها أي تأثير على سلوك دراستها.

2- إن الغرض الأساسي من الأخلاق هو التأثير على سلوكنا الواقعي. فحل المشكلات هو هدف رئيس في البحث الأخلاقي يساعد الإنسان ويرشده ويعلمه فن الحياة.

3- الأخلاق علم نظري أساسي يهتم بكشف الحقيقة في الأمور الأخلاقية. وأن البحث الأخلاقي يفقد المعايير الأخلاقية الموجودة فعلم الأخلاق علم موضوعي علمي.

---

(1) د. توفيق الطويل، الفلسفة الخلقية، ص 274، مقداد يالجن، ص 36-37.

(2) مقداد يالجن، الاتجاه الخلقي، ص 47.

(3) نفس المصدر السابق، ص 55.

(4) نفس المصدر السابق، ص 55.

تاريخ الدراسات الأخلاقية وعلم الأخلاق:

يقسم علماء الأخلاق الوضعيون تاريخاً لعلم الأخلاق يتألف من ثلاثة مراحل هي:

1- مرحلة الفترة اليونانية من 500-ق.م-500 الميلادية.

2- مرحلة العصور الوسطى والتي تبدأ من 500م-1500م.

3- المرحلة الحديثة وتبدأ من عام 1500م ولغاية العصر الحاضر.

الفترة الأولى:

دار الحوار الأخلاقي في أرجاء الدولة اليونانية فظهر أفلاطون وسقراط والأبيقوريون والرواقيون في تفسيراتهم للأخلاق في طلب السعادة من خلال رباطة الجأش والتحكم في الانفعالات، والأهواء والميول الذاتية والابتعاد عن الخوف وقهر الرغبات وضبط الانفعالات وعدم الرهبة حتى من الآلهة والمساواة والأخوة بين أفراد الإنسانية وإنكار الأخوة والمساواة والعدالة وحب الإنسانية وإعلاء شأن الروح وإرساء دعائم الفضيلة والوقوف بوجه الفساد والشجاعة الفردية وللنفس الغضبية والعفة للنفس الشهوانية والحكمة للنفس العاقلة والعدالة[1].

الفترة الثانية:

وهي الفترة المتأثرة بالديانة المسيحية، ولم يشجع العاملون في المجال الأخلاقي في هذه الفترة على التأمل الأخلاقي ولا البحث في ميدان الأخلاق بل في الرجوع إلى القانون الإلهي (تفسيرات الكنيسة للإنجيل) أي على أساس القضايا في أفعال وأقوال وسلوكات تحمل في سلوكها الموافقات والمعارضات للدين المسيحي. ولم يلعب العقل دوراً كبيراً في تفسير الأخلاق بل بما يقفه من تقبل الدين المسيحي وسطوته الكبرى.

---

(1) انظر مقدمة في علم الأخلاق، ص 43-56 بتصرف.

الفترة الثالثة:

أي الفترة التي بدأت الكنيسة بفقد سطوتها وقد تميزت هذه الفترة بما يلي:

1- أن الفارق بين الصواب والخطأ إنما هو فارق ذاتي يعتمد على اتجاه الفرد الذي يصدر الحكم الأخلاقي فما يحبه يعتبر صواباً وما يكرهه يعتبر خطأ.

2- أن الاختلاف بين الصواب والخطأ يتم من خلال البصيرة المباشرة والذي دعي بالحسن الأخلاقي "الذي يعتمد البديهة والحصافة وغير ذلك".

3- أن القانون الأخلاقي ما هو إلا قانون الطبيعة البشرية التي تكشف عنها دراسة التكوين السايكولوجي "قانون التعاطف الوجداني".

4- اللذة هي المعيار للصواب والخطأ أو الخير والشر.

5- إن النظرات الأخلاقية التي ظهرت هي نزعات فلسفية ظهرت في الفترات الحديثة كأخلاق التطور والأخلاق المثالية والأخلاق النسبية وأخلاق الحدس وغير ذلك.

التطور التاريخي (لعلم الأخلاق)

إن عدة نقاط يمكن حصرها تبين وجهة النظر الوضعية للتطور التاريخي لعلم الأخلاق ويمكن اختصارها بما يلي:

1- ميل الحكم الأخلاقي إلى التعامل مع الداخل أكثر من ميله إلى التعامل مع الخارج.

2- اتساع مجال الحياة الأخلاقية في القبيلة إلى الأمة.

3- أصحبت القيم الأخلاقية (قانوناً) يرتبط بالأفراد وبمحض اختيارهم الفردي الحر.

الدين والأخلاق الوضعية:

1- إن الدين يتضمن واجبات أكثر مما هي في الأخلاق والواجبات ليست من مكونات الأخلاق.

2- الدين يعتبر تجربة عاطفية أكثر من الأخلاق.

3- المعرفة في مكونات الدين ويكون الفعل موجهاً بالمعرفة وهي ليست من مكونات الأخلاق.

4- إن محور الدين هو (اللهِ) بينما محور الأخلاق هو (الإنسان).

فالدين واسع يعلمنا الأخوة بين أفراد الإنسانية جميعاً والأخلاق ليست كذلك ويمكن أن تقوم الأخلاق بدون تدعيم في الدين ويمكن أن تتضامن الأخلاق مع الدين بظروف منها:

أ- أن الأخلاق تتضمن نظرات ما بعد الطبيعة (ميتافيزيقية)معينة وهذه النظرة دينية الأساس.

ب- الدين يقدم للقيم الأخلاقية ناحيتها الموضوعية أي الضمان على أن الأخلاق يهتم بها اللهِ وأن القوانين الخلقية هي إلهية.

ج- تتضمن الأخلاق دافعاً أو مبادرة صادرة من وراء الطبيعة.

د- تتضمن الأخلاق ولاءاً شخصياً أكثر من إطاعة القانون فعندما نكون أخلاقيين فإننا لا بد من التزامنا الدين وأي التزام نحو اللهِ.

هـ-إن فكرة الخلود لها مغزى في مجال الأخلاق أي أنها ترتبط بالعالم الآخر. تلك الحياة التي يتطلع إليها الإنسان ويسمو بسلوكه من أجلها[1].

(1) مقدمة في علم الأخلاق، ص 130-136 بتصرف.

أنواع الأنساق الأخلاقية:

1- العلم الوضعي للأخلاق: وهو الذي يصف المعايير الأخلاقية للناس في المناطق المختلفة وطبقاً لتنوع سنوات العمر.

2- العلم المعياري للأخلاق، وهو الذي يقرر صحة المعايير الأخلاقية.

3- الفلسفة الأخلاقية: وهي تبحث صحة تلك المعايير من خلال موضعها في إطار كلي عام.

4- علم الأخلاق التطبيقي: وهو يطبق المعايير الأخلاقية الصحيحة على حالات عينية جزئية.

5- التهذيب الأخلاقي: وهو يستهدف تحسين السلوك وتشذيبه.

6- فن مزاولة الحياة الصالحة[1].

واجبات العاملين في مجال علم الأخلاق:

إن واجبات العاملين في هذا المجال تتحدد في:

1- إزالة عدم التناسق القائم بين المعايير العامة المقبولة.

2- إجراء بعض التبديلات الضرورية في تلك المعايير في أضيق الحدود وذلك بإيجاد مبادئ عامة أخرى يمكن أن تضم في تناسق عام – تلك المعايير الأخلاقية بين ثناياها.

3- يجب أن يلجأ إلى الفحص والتصنيف وفرض الفروض المختلفة بحيث لا يصبح الفرض قانوناً إلا عندما تثبت صحته أمام الحالات التي يراد تفسيرها.

4- قيامه بمقارنة المعايير الموجودة ليقف على إمكانية حذف عدم الاتساق بينها بواسطة إيجاد مبادئ أوسع وأرحب[2].

(1)   المصدر السابق، وليام ليلي، ص 26.
(2)   مقدمة في علم الأخلاق، ص 27-28.

الألفاظ المستخدمة في لغة الأخلاق:

الكلمات فعل الأدوات لكافة أنواع الاتصال وهي أدوات بنائية تفرض إلى:

1- الأمر والنصح مثل كلمة "لا تسرق".

2- الكلمات الانفعالية: فعل "يا للحسرة".

3- الكلمات الوصفية: مثل إذا أردت أن ترى الدمار فاذهب إلى العراق.

4- أماني الأخلاق فتستعمل كلمة "جيد" في التصحيح، أو الثناء أو المدح".

5- الكلمات التقويمية مثل: "مثقف" أو "أعلى" أو أدنى أو غيرها.

6- وقد تكون الكلمات استفهامية مثل: هل فهمت؟ أتعرف لـون الرجـل، هـل هـو أسود أم أبيض أم أسمر؟ الخ.

الفعل الأخلاقي والسيكولوجية:

إن هناك سايكولوجية للفعل الأخلاقي تعتمد على النمط الفكري الحركي والنمط الارتقابي (أن نأكل بعد شعورنا بالجوع) ونمـط شعوري والتي تنجم عـن رغبات شعورية بملاحظتها أو الالتفات إليها. ثم إن هناك أنماطاً ترتبط بفكرة الواجب فهي تنبع عن الإحساس به. والإحساس هو شكل من أشكال الفعل الأخلاقي.

وأفعالنا الأخلاقية قد تنبع عن رغبتنا المتمثلة بميول فطرية أو غرائز أو حاجات عضوية يضاف إليها الدافع أو النية والرغبات الفردية الإرادية والشعور باللـذة كاللـذة في الحصول على شيء ما أو اللذة الآنية الفورية أو اللذة في تحقيق سعادة مستقبلية لأن الغايـة الأخلاقية هي أعظم سعادة لأكبر عدد من الناس. وقد يكون نسيان اللذة هو لذة بحد ذاته حين لا نستطيع الحصول عليها أو معرفتنا بأنها ستؤدي إلى أذى فيما بعد حصولها. ويكون العقل دافعاً مهماً للفعل الإرادي لأن

العقل يمدنا بالتصورات الأولية وبالأفكار التي لا تستمد من الخبرة البشرية أو أنه يمدنا بشيء من الحدس أو البصيرة.

ويعمل العقل على تخفيف حدة الانفعال واندفاع العواطف.

وقد يتأتى الفعل عن طريق حرية الإرادة والتي ترى أن أفعال الإنسان لا تخضع للحتمية أو العلية أو الجبرية بقدر ما تنبع عن إرادة الإنسان الحرة.

طبيعة الحكم الأخلاقي عند الوضعيين:

هنالك أربعة مضامين تستخدم عند الوضعيين عند استخدام مصطلحي "الصواب" و "الخير" وغيرها من المصطلحات الأخلاقية.. وهذه المضامين هي:

1- القيمة: أي أن الفعل يستحق أن نفعله أو الفعل صائب أو أن تكون للفعل قيمة بمعزل عن نتيجته.

2- الالتزام: أي أن يرى المرء أنه من الواجب أن يؤدي هذا الفعل فقد يتأتى الالتزام به لأن يأتي بقوة القانون أو أنه من اللهِ أو من المجتمع أو من داخل إحساسنا.. الخ.

3- الملاءمة الخلقية: أي أن يكون الفعل ملائماً أو مناسباً للموقف الذي يجد فاعله نفسه فيه. وهنا يكون العقل هو الذي يحدد الفعل طبقاً للظروف أو الحالات.

4- الصدق الموضوعي: أي أن يقول الصدق بمعزل عن حكمه الخاص على الأمور وقد يكون مختلفاً فيه مع الآخرين لكنه يستصوبه.

ولكي تحتوي الأحكام الأخلاقية على صدق حقيقي فإنه من الضروري الافتراض بوجود معايير أخلاقية مطلقة. وإننا نستخدم العقل في استنباط ما هو جزئي في تلك المعايير المطلقة.

النظريات الأخلاقية الوضعية:

هنالك عدة طرق لتصنيف النظريات الأخلاقية هي:

(1) **الأخلاق المطلقة والأخلاق النسبية**: فالأخلاق إما أن تكون مطلقة أو نسبية. والمطلقة هي التي تحتوي على أحكام أخلاقية تصدق على جميع الناس في كل زمان ومكان. بينما ترى النسبية أن لكل جماعة قواعدها الأخلاقية ومعاييرها الخاصة التي تختلف مكاناً وزماناً لأنه:

1- أن ما يعد أخلاقيا في مكان قد لا يكون كذلك في مكان آخر.

2- أن الأحكام الأخلاقية تقوم على العواطف.

3- أن الحكم الأخلاقي يشير إلى ما يتم تجربته أو ممارسته بوساطة الحواس مباشرة.

4- أن النسبيون يرون افتقار الحكم على ما يتعلق بأسس الأخلاق عند القائلين بإطلاق، فالإنسان يحكم على الأفعال بواسطة قانون أخلاقي أفضل من قانون آخر وأن هناك تفوقاً لواحد من القوانين الأخلاقية على التبعية منها وأن النسبيين يرون أن لكل إنسان سلوكه ووجهة نظره التي تحدد ذلك السلوك وأنه لا يوجد معيار أخلاقي عام بل هنالك معايير محلية والقواعد الأخلاقية تسري على جماعة محددة من الناس ترجع إلى الاختلاف في الظروف والعادات والتقاليد حسب الزمان والمكان.

(2) **الأخلاق الموضوعية** وهي التي لا تتأثر بميولنا وأهوائنا وأفكارنا الذاتية والثانية تتأثر بذلك.

(3) **الأخلاق الطبيعية** التي تحلل التصورات في ضوء العلوم الوصفية. والأخلاق غير الطبيعية التي تحلل تلك التصورات في ضوء ما نحبه ونميل إليه.

(4) **نظريات اتجاه**، وهي التي تحدد اتجاه بعض الكائنات أو بعضها الآخر، ونظريات منفعة وهي التي يتم تحديدها على أساس نتائج الأفعال.

(5) **نظرية علم أداء الواجبات** التي ترى أن خطأ وصواب فعل يعتمد على الفعل ذاته وليس على النواتج التي يولدها. ونظرية الغايات. وهو مذهب يتطابق أو يعبر عـن مـذهب اللذة.

المذهب الأناني:

يرى أصحاب هذا المذهب أن من واجب الفرد البحث عن صالحه أو خيـره الخـاص وأن يفعل ما يستهدف تحقيق سعادته الفردية الخاصة والصورة السايكولوجية لهذا المـذهب ترى أن الكائن البشري مخلوق يبحث عن صالحه الفردي ولا يبحث عـن خيـر الآخـرين أو صالحهم أما الصورة الأخلاقية لهذا المذهب فهي ترى أن على الإنسان أن يبحث عـن صالحه وألا يبحث عن صالح الآخرين إلا إذا كان ذلك مؤدياً إلى صالحه بشرط ألا يقضى على سـعادة الآخرين وهو يبحث عن سعادته. (يرمز هذا المذهب إلى تحقيق الذات).

المذهب الكلي (العام):

يرى أصحاب هذا المذهب أن من واجب الفرد البحـث عـن صـالح مجـتمعهم ككـل وذلك يشمل صالح أو خير الأفراد المكونين لذلك المجتمع. وهذا المـذهب قـادر عـلى الاتسـاع والشمولية بقدر اتساع البصيرة وتعمق الرؤية إلا أنه يؤخذ عليه أنه يقصر عن تحقيق الخـير لكل ذات فردية بالرغم من أن الإنسان فيه يبحث عن صالح المجتمع أو الجماعة ككل.

المذهب الإيثاري:

يرى أن من الواجب على الفرد أن يبحث عـن صـالح الآخـرين دون اعتبار لصـالحه الفردي. أي أن الفرد يخدم مجتمعه مضحياً بخيره الفردي وهو يرمز إلى التضحية بالذات.

مذهب اللذة السيكولوجي:

يرى هذا المذهب أن السعادة أو اللذة هي غاية السلوك الإنساني فحتى إذا ظهر أن الأفراد يبحثون عن الثورة أو المعرفة أو الفضيلة فإنهم إنما يطلبون هذه الوسائل كوسائل تعينهم على بلوغ اللذة.

ويرى أصحاب هذا المذهب أن الكائنات البشرية تبحث في أشياء تتجه نحو غايات غير تلك المؤدية للذة الفردية البحتة وإن الإنسان لا يستخدم المعرفة أو التحلي بالفضائل الخلقية كمجرد وسائل لبلوغ اللذة. وينقص عند أصحاب هذا المذهب هو بيان الميل هو الميل الوحيد الذي يحدد الفعل الإنساني.

مدرسة الحس الأخلاقي:

الحس الأخلاقي هو شعور طبيعي يقودنا نحو الموافقة على بعض الأشياء وعدم الموافقة على بعضها الآخر بحيث يؤدي في النهاية دور الباعث الموجه نحو السلوك الخير. ويرى (شافتسبوري) صاحب هذا المذهب أن الحس الأخلاقي لا يمكن أن يفسد بواسطة التأمل الفلسفي أو التفكير الحر. لكن قد يفسر تحت تأثير العقائد الدينية المزيفة والعادات السلوكية الشريرة. ويرى أن الحس الأخلاقي هو المرشد الصادق لنا في حياتنا الأخلاقية.

وهناك ثلاث صيغ لمذهب اللذة السيكولوجي هي:

1- إن بهجة الرغبة في لحظة طلبها قد تكون العامل المحدد للفعل.

2- عادة ما يفعل الإنسان الأفعال التي تحقق له أكبر قدر من اللذة في اللحظة الراهنة.

3- أن الدافع الذي يحدد الفعل عادة ما يكون رغبة في تحقيق سعادة مستقبلية.

المذهب الطبيعي غير الذاتي:

يرى أصحاب هذا المذهب أن الفعل يكون صائباً متى كان هـذا هـو اتجـاه أغلـب البشر أو أغلب أعضاء الجماعة أو الطبقة أي عندما تحقق الخير لمعظم البشر.

نظرية بتلر:

يرى بتلر أن العقل البشري مركب أو (كل عضوي) من عدة عناصر متآلفة ويـرى أن هناك عناصر مختلفة في العقل البشري رغم وجود علاقات طبيعية وتعاون وثيق بين العناصر الأساسية والعناصر الثانوية، وقد سلم بتلر بأن القانون الأخلاقي قانون طبيعي وليس أمراً ينتسب إلى العادات او التقاليد أو الاتفاقات ويقول بأنه من المعقول أن نطيع أوامر الضمير، "واستخدم بتلر مصطلح "الضمير" لملكة الحدس بدلاً من استخدام مصطلح "الحس الأخلاقي".

مذهب اللذة الأخلاقي:

يرى أصحاب هذا المهذب أن اللذة هي الصفة الأخلاقيـة الوحيـدة التـي لهـا قيمـة وتتصف بالخير كما يرون أن الفعل الخير والفعل الصائب هـما اللـذان يتأديـان بنـا إلى اللـذة وأن الفعل الذي تنتج عنه لذات أكبر وأفضل في ذلك الـذي يـنجم عنـه لـذات أقـل. وهنالـك نوعان من مذهب اللذة الأخلاقي هما:

1- مذهب اللذة الأناني الذي يرى أن عـلى الفـرد أن يبحـث عـن أقصى ـ قـدر مـن اللـذة لنفسه وأن يبعد عن الألم.

2- مذهب اللذة العام أو المنفعة الذي يستهدف تحقيق اللذة لأكبر عدد من الناس.

مذهب المنفعة:

يرى "هاتشسون": أحد أصحاب هذا المذهب أن الغاية الموضوعية للسلوك الخيّر هي تحقيق أكبر قدر من السـعادة لأكبر عـدد مـن النـاس وقـد اسـتبدل هذا المذهب اللذة بالمنفعة ولم يعد يبحث فيما يحقق سعادة الفرد الأنانية بل سعادة

أكبر قدر من الناس. وأن الأفعال لا تكون صالحة أو طالحة في حد ذاتها بل في نتائجها والفائدة التي تنجم عنها.

نظرية كانت:

يرى كانت أنه لا يوجد هناك شيء في العالم أو خارجه يمكن أن يكون خيراً في ذاته سوى الإرادة الصالحة. ويتأتى ذلك بطريقتين:

الأولى: أن كل هبات الحظ والعبقرية والحكمة الدنيوية تكون خيرة إذا استخدمت بواسطة الإرادة الصالحة. ولا تكون خيرة إذا ظلت بمفردها.

الثاني: إن الإرادة الصالحة هي في ذاتها وبالأصالة كل الخير، لأنها تكون كذلك إذا ظلت بمفردها. فإذا لم ينجم عن الإرادة الصالحة بعد بذل كل جهودها أي شيء فإن قيمتها ستظل –رغم ذلك- موجودة كالشيء الذي يحتفظ بقيمته كلها في ذاته.

وقد ذهب كانت إلى أن الإرادة الصالحة تقوم على مبدأ عقلي. فالإنسان عنده كائن عاقل أساساً. وإن الإرادة تكون صالحة إذا قامت على مبدأ لا يحتوي على أية إشارة إلى النتائج أو الظروف أو أية عناصر عرضية ويقول "كانت": اعمل بحيث يصير عملك في نفس الوقت قانوناً كلياً ويضع للفعل صورتين يعتقد بأنهما يحققان الحياة الأخلاقية بأحلى صورها وهما:

1- أن تعامل الكائنات العاقلة غايات في نفسها وليس مجرد وسائل.

2- أن مبدأ السلوك الأخلاقي يلزم الإنسان ولو كان مفروضاً عليه من داخله من مصدر خارجي.

نظرية جون ستيوارت مل:

ترى هذه النظرية أن اللذة هي موضوع الرغبة الوحيد لدى الناس لأنهم يسعون ويرتقبون تحقيقه فعلاً وأن اللذة العامة أو السعادة الكلية هي خير الجميع، وأن الأشياء الأخرى التي يرغبها الناس مجرد وسائل تعينهم على بلوغ السعادة وإذا

تم تفضيل لذة في لذتين فتبرير ذلك أن تلك اللذة المفضلة تفوق للذة الأخرى من حيث الكيف.

نظرية سيد جويك:

يرى سيد جويك أننا ندرك بعض القواعد الأخلاقية إدراكاً مباشراً بالحدس أو البديهة. وهذه القواعد هي التي اعتنقها النفعيون في عصر التنوير الذين ذهبوا إلى أن الحدس ما دام يقدم لنا إرشاداً وتوجيهاً أو دليلاً واضحاً فنوع الفعل المتصل به بالتأكيد هو ما يسبب أعظم قدر من السعادة لكل البشر.

نظرية هربرت سبنسر:

يرى سبنسر أن الحياة توافق أو تكيف مستمر بين العلاقات الداخلية والعلاقات الخارجية ويتضمن السلوك كل تكيفات الأفعال نحو الغايات وأن السلوك الذي نقول عنه أنه صالح هو نسبياً سلوك أكثر ظهوراً والسلوك الأخير في مجرى التطور يطيل الحياة ويزيد مقدارها وأن الحياة تكون صالحة أو طالحة تبعاً لما تقدمه أو لا تقدمه في شعور متوافق فائض من أي سعادة، والحياة كأمر واقع تقدم هذا الشعور.

الفائض الذي هو السعادة وأن ما يمد كل القواعد الخلقية بقوتها هو الخوف من الألم والعقاب وأن الإنسان حر في فعل ما يريده على شرط عدم التعدي على حرية الآخرين وأن القواعد الأخلاقية الخاصة التي يقبلها المجتمع في فترة تاريخية معينة تعتمد على الانتخاب الطبيعي المتوافق مع الظروف، لذلك يلاقي السلوك العقاب الأخلاقي في وقتنا الحاضر حينما يصبح أقل ضبطاً وأكثر اصطناعاً.

نظرية توماس هل جرين:

ذهب جرين إلى أن العنصر المميز للطبيعة البشرية هو "العنصر- الروحي" فهو العنصر أو المبدأ الذي نميزه عن عالم الطبيعة في جهة كما أنه الذي يرجع إليه وعي الإنسان بذاته من جهة أخرى ولا يجب أن ننظر إلى هذا العنصر أو المبدأ على أنه مجرد إضافة جزء لملكة العقل الإنسانية الذي تميزه عما يشترك فيه مع

الحيوانات الدنيا فالإنسان تحدث عنده إحساسات بالألوان والأصوات كما تحدث للحيوانات الدنيا إلا أن هذه الإحساسات تتغير لكي تصبح إدراكات ذات معنى في الإنسان بفضل العنصر أو المبدأ الروحي. والمبدأ الروحي يحول الشهوة إلى رغبة تحقيق غاية أي إشباع إدراك الوعي الذاتي للشخصية ككل. وأن الفعل الإرادي هو ذلك الفعل الذي يتجه الشخص وفقه إلى تحقيق فكرة ما تتعلق بهدف يسعى الشخص وقتها إلى إشباعه. وتلك القدرة على التطلع إلى إدراك فكرة هي خاصية المبدأ الروحي في الإنسان. وأن الإنسان يستطيع من جانبه الروحي رؤية المستقبل وإدراك الخير في نموه الروحي في مسار التاريخ.

مذهب الأديامونيزم:

تعتبر الأديامونيزم كنظرية أخلاقية الغاية الأخلاقية في كمال الطبيعة الكلية للإنسان بما في ذلك سعادته الكاملة في تحقيق ذاته. وهو مصطلح استخدمه (أرسطو) لكي يقصد به السعادة كغاية أخلاقية, وكلمة الأديامونيزم تستخدم لمجموعة من النظريات الأخلاقية التي تربط حالة السعادة بعملية التحقق الذاتي.

وبموجب التعريف السابق للأديامونيزم نرى الفرق بين السعادة واللذة بما يلي:

1- أن السعادة تصاحب مجموعة متناسقة من النشاطات بينما تصاحب اللذة نشاطاً جزئياً واحداً.

2- أن السعادة أكثر دواماً وأقل عرضة للتغير في اللذة.

3- السعادة هي سعادة الحياة ككل. يقول سولون وأسطو أن الإنسان لا يكون سعيداً حتى يموت.

أفلاطون والفضائل

الأخلاق الأفلاطونية هي المثال الأول في الفكر الغربي للأخلاقيات المبنية على أساس العلوية. وقد عرف أفلاطون كيف يوسع مدى الاتجاهات الأخلاقية

وذلك عن طريق إسنادها إلى ميتافيزيقيا عامة وأن طريق السعادة والحكمة واضح يقوم على المظاهر المحسوسة والفوضى المادية والجسدية لأجل العودة بالروح إلى طبيعتها الأصيلة وتحقيق السيادة (من داخل الروح وفي المجتمع) للفضيلة التي هي ليست سوى صورة للمقاييس العلوية المتمركزة حول مثال الخير والتي ينظمها مثال العدالة[1].

هناك أربع فضائل يذكرها أفلاطون في جمهوريته هي:

1- العدالة تتوقف على فعل الخير للصديق وجلب الأذى للعدو.

2- إن العدالة اسم وضع لصالح الأقوى. (يقول سقراط أن الإنسان ما دام صالحاً فهو لا يسبب الشر حتى لأعدائه، لأن الخير هو الذي ينبع من الشخصية العادلة وليس الشر).

وتنقسم الطبيعة عند أفلاطون إلى ثلاثة أقسام هي:

أ. النفس الناطقة وهي تماثل طبقة الحكام وفضيلتها الحكمة.

ب. النفس الغضبية وهي تناظر طبقة الحواس وفضيلتها الشجاعة.

ج. النفس الشهوانية وهي تناظر طبقة العمال والزراع وفضيلتها العفة.

وتتوقف فضيلة العدالة في الفرد على تمكين كل جزء من القيام بواجباته على الوجه الصحيح، وتنجم فضيلة العدالة عن اعتدال الإنسان وتركه لكل قوى من قواه.

مفهوم أرسطو للفضيلة:

يقدم لنا أرسطو قاعدة السلوك الإنساني التي ينتج عنها بشكل غير مباشر بلوغ المراد للسعادة، فلا يمكن أن تكون بالتالي سوى إنجازه لصورته الخاصة به على خير ما يمكن وتحقيقه لجوهره وطبيعته إلى الحد الأقصى، ولما كان المميز

(1) المذاهب الأخلاقية الكبرى، فرانسوا غر يغوار، ص 38.

الإنساني هو العقل فإنه الفاعلية الفاضلة تقوم على العيش طبقاً للعقل وهذا ما يعني إنها ليست متوقفة علينا بشكل كلي بل يجب أن تكون الظروف الخارجية ملائمة: أي يجب توفر "رضا الآلهة" ويعني ذلك أيضاً أن هذه الفاعلية تختلف بحسب الأفراد وبحسب استعداد راسخ مكتسب لتجنب أي تطرف والحفاظ في كل شيء على "الوسط الصحيح" فلا ينبغي إلغاء الأهواء لأنها جزء من طبيعتنا كما أنها محركنا الداخلي كما لا ينبغي إطلاق العنان لها لأنها ستطغى على العقل إذ ذاك وهذا مظهر آخر في مظاهر طبيعتنا[1].

ويذهب أرسطو إلى أن الغاية الأخلاقية تتمثل في ايدايمونيا "السعادة" وأنها تتوقف على ممارسة النفس لما يتفق مع الفضيلة. إن الايدايمونيا هي الغاية أو العلة الفانية للحياة الأخلاقية بينما تكون الفضيلة هي الصورة أو العلة الصورية للحياة الأخلاقية والفضيلة عند أرسطو مادة للفعل في المحل الأول وصفة شخصية في المحل الثاني وهي ليست مجرد عادة بل هي عادة الاختيار وحدد أرسطو الاختيار بانه الرغبة المتقدة في الأشياء التي في قوتنا بعد اعتبارها بواسطة العقل.

الفضيلة عند أرسطو وسط بين رذيلتين. وهو وسط اعتباري وليس وسطاً حسابياً. فهو يتوقف على موقف الفرد وظروفه. ويتم تحديد الوسط العدل عند أرسطو بطريقتين:

الأولى: طريق العقل الذي يمكن توحيده بالمعرفة التي اعتبرها سقراط فضيلة أو توحيده بالفهم الفلسفي الذي تطور بالتدريب الطويل على دراسة المنطق.

الثانية: طريق أصحاب الحكمة العملية.

---

(1) المذاهب الأخلاقية الكبرى، فرانسوا غريغوار، ص 42.

تأثير النظرية الأخلاقية على التطبيق

يرى عالم الأخلاق ماكينزي عدم وجود أي تأثير مـن جانـب النظريـة الأخلاقيـة علـى القرارات الأخلاقية التي تتخذ حالة التطبيق.

لكن المشتغلين بالأمور النظرية يعملون في ميدان الأخلاق. فهم لا يبدأون في مبادئ مجردة بل يبدأ بأمور وأفكار عامة وشـائعة في زمـانهم ومكـانهم فيفحصـونها ويعـدلونها بمـا يتفق ومبادئ الإنسان وبديهياته ويرتبونها في نظام نسقي. ومن المرجح تـأثير ظـروف عصـره وبلده على نظريات الأخلاقيين وآرائهـم الشـائعة التـي يبـدأون منهـا. فهـم يتـأثرون بظـروف مكانية وزمانية.

والتطبيق الأخلاقي يتأثر بالعادة وأن جزاءات المجتمع وعقوباته تؤثر على سلوكيات الناس في الوجهة الأخلاقية.

وللنظرية الأخلاقية تأثير كبير عـلى الجانب التطبيقـي (الإمبريقـي) كتـأثير النظريـة النفعية على حركات الإصلاح الاجتماعي وعى التعليم وعلى السـلام العـالمي حيـث يـرون أن تحقيق أكبر قدر من السعادة لأكبر عدد من الناس لكن مجال التطبيق يكون محدوداً.

مصادر الأخلاق عند الوضعيين:

يختلف علماء الأخلاق في مصدر الأخلاق وقد توزعت اختلافـاتهم في ثلاثـة وجهـات نظر هي:

الوجهة الأولى: ترى أن العقل هو مصدر الخلق وأن المعرفة هي الفضيلة وأن العقـل هو وحدة مقياس الخير والشر. وقد بدأت هذه النظرة منذ العصـور اليونانيـة القديمـة فـذكر أرسطو: أن الطابع العام للأخلاق رغم تعددها وما بينها مـن مـدى واسـع أنهـا كانـت عقليـة ترى أن تحديد الغاية والباعث على العمل مرجعه العقل.

الوجهة الثانية: ترى أن الدين هو مصدر الأخلاق ولا تلغي هذه النظرة دور العقل، بل ترى أنه لا بد من تعاون المعرفة الوجدانية والمعرفة العقلية لتحقيق السعادة الإنسانية المطلوبة باستقامة في عمله وتحقيق خلافته في الأرض وهذه تمثل وجهة نظر الثقافة الإسلامية.

الوجهة الثالثة: فهي التي ترى أن المجتمع هو مصدر الأخلاق وأن الأخلاق تتبدل تبديل النظام الاجتماعي على ما بين أصحاب هذه النظر من مدى واسع في اعتبار الفرد أو الجماعة هما أساس الاختيار ويؤمن أصحاب هذه النظرة كذلك بنسبة الأخلاق وواقعيتها ويرون أن الأخلاق في حقيقتها هي الاستجابة للشروط الراهنة التي يعيش المجتمع خلال تطوره. وترى وجهة النظر هذه أن الأخلاق الاجتماعية هي التي تقرر بناء على الواقع الذي يعيشه المناضلون والعاملون دون اعتبار لمقياس الخير والشر [1].

الأخلاق الدينية:

إذا كان المبدأ الديني يصلح إطاراً تقليدياً للخير والشر لمنظومات القيم الاجتماعية فإنه لا يستطيع دون مشقة تأسيس أخلاق نظرية بالمعنى الصحيح تأسيس ما وراء أخلاق ينتظمها العقل [2].

1- **الأخلاق الدينية المصرية:** يمثل كتاب الموتى عند المصريين أهم وثيقة تبين الأخلاق الدينية المصرية. ففي الفراعنة هناك التزامات خلقية لا بد من تأمين احترامها منها التعامل الحسن مع الرعية والنظافة في التعامل معهم والبحث عن السعادة في الأرض والأفعال دون قيود على مباهج العالم. وإن فكرة اعتراف الموتى تتضمن الفكرة الأخلاقية القائمة على المسؤولية الشخصية. فالمصري الذي يعقل على محكمة الآخرة يخاطب

---

(1)   نظرية التربية الخلقية عند الإمام الغزالي، عبد الحميد البريزات، ص 18-20.
(2)   الفكر الأخلاقي المعاصر، جاكلين روز، ص 33.

قلبه بقوله: "أيها القلب الذي كنت امتلكه على الأرض لا تكن خصمي أمام القدرة الإلهية"[1].

2- الفكر الديني الإيراني "الزرداشتية وما بعدها" حيث الصراع ما بين الخير والشر فكل فعل من أفعال الإنسان يمكنه أن يؤثر في المعركة الدائرة بين الخير والشر- ومصدر الأخلاقية الآمرة التي توصي بشكل أساسي بالصدق والاستقامة الأخلاقية والاشمئزاز من الكذب.

والمثل الأعلى قائم على الفعالية الخلاقة، وتتجلى الأهمية الأخلاقية لمفاهيم الديانات الإيرانية هي أبرزها لفكرة المسؤولية الإنسانية.

3- البوذية: وتنص على أن المثل الأعلى لبوذا هو انسلاخه عن هذا العالم، عالم الآلام المتجددة دون انقطاع والناتجة عن الرغبة في الكينونة أي ذلك التعطش إلى الفردي وإلى الديمومة وتبدد الأخلاق كوسيلة تقنية مهمتها أن تدمر في الذات كل ميل متمركز حول الفرد وكل تطلع إلى امتلاك حياة شخصية.

تتميز الأخلاق البوذية بالسلبية والإيجابية بوقف واحد فهي تدعو إلى عدم القتل وعدم الكذب وإنها تدعو إلى الإخاء الإنساني وتحمل آلام العالم وبذل النفس دون حدود حتى لو استلزم الأمر إفناء النفس.

4- الكونفوشيوسية: تنظر في كل مطلق ولكنها تقبل العلوية وفكر الأجداد، والبر هذا أفضل الفضائل مثل طاعة ولي الأمر وواجبات الزوجة تجاه الزوج وتجاه الأسرة وتجاه الصديق والتهذيب البالغ في الآداب الاجتماعية[2].

---

(1)   المصدر السابق، ص 33.
(2)   المذاهب الأخلاقية الكبرى، مصدر سابق، ص 66-71

الأخلاق في الديانة الداوية:

الداوية: إحدى الديانات الصينية،أخلاقياتها سلبية تقوم على التخلي عن العقل وعن التطلع إلى المعرفة فيكون المثل الأعلى (التبسيط) الذي يقود الحكيم في الواقع العملي إلى الصوفية والتواضع ورفض طموح الشهرة.

الأخلاق اليهودية:

تمهيد:

يعود العهد القديم إلى أزمنة مختلفة قيمتها غير متشابهة. ويحمل في طياته مفاهيم تنم عن قسوة المؤمنين به كقوله: "افتقد ذنوب الآباء في الأبناء إلى الجيل الثالث والرابع من مبغضي" إلى الوصايا العشرة -التي سيأتي ذكرها- والتي تحرم فيها الكثير من الأفعال غير المرغوبة كالسرقة والكذب والحسد. وفيه الصرامة العادلة كالسن بالسن والعين بالعين بالإضافة إلى الأمل المسياني "مجيء المسيح المنتظر".

إن ما ترتب على ظهور الديانة اليهودية،هو أن الإنسان أصبح لا شأن له بالبحث عن القواعد الأخلاقية ومحاولة وضعها وصياغتها، وقد تولت أحكام شريعة موسى عليه الصلاة والسلام تلك المهمة، غير أن ذلك التحول عن العقائد الوثنية والقواعد الأخلاقية اليونانية اللاتينية لم يتم في سهولة وفي وقت وجيز وقد كان عسيراً تحويل الناس عن معتقداتهم الوثنية ناحية وإقناعهم بقبول شريعة السماء من ناحية أخرى ليس في مجال الأخلاق فحسب بل في جوانب الحياة الإنسانية ولذلك ظل للفكر اليوناني اللاتيني تأثيره وامتزج بالدين اليهودي الجديد، فظهرت العقائد الدينية والنظم الفلسفية التي تمثلت في يهودية (فيلون) وأكثر ما ظهر هذا الامتزاج في الإسكندرية حيث امتزجت آراء روما واليونان والشام في المدينة والعلوم

والدين، واتصل الدين بالفلسفة اتصالاً وثيقاً كان مـن نتائجـه ظهـور عقائـد لا هـي مـن الفلسفة المحضة ولا هي من الدين الخالص وكان وراء ذلك عاملان:

الأول: هو ميل اليهود إلى التوفيق بين معتقداتهم الدينية والعلم الغربي الـذي كـان متأثراً بالعلم اليوناني.

والثاني: أن المفكرين الذين استمدوا آراءهم من الفلسفة اليونانية رأوا أن يوفقوا بين معتقداتهم الفلسفية وبين القضايا الدينية المحضة. على أن الجانـب الاخلاقـي في ذلك كلـه، وهو ما يهمنا، فنجد فيه اتجاهات وآراء جديدة جدت في التوراة وتضمنتها ثلاث أسـفار منهـا هي:

الخروج والأخبار والتثنية، وأول ما يلاحظ عليها تعارضها مـع الكثير مـن أخلاقيـات الفلسفة اليونانية خاصة لدى الرواقيين والأبيقوريين ويمكن أن نلمـس ذلك عـلى الخصـوص فيما يتعلق بالأخلاق التي وردت في الوصايا العشر:

1- لا يكن لك آلهة أخرى أمامي.

2- أكرم أباك وأمك لكي تطول أيامك على الأرض التي يعطيك الرب إلهك.

3- لا تقتل.

4- لا تزن.

5- لا تسرق.

6- لا تشهد على قريبك شهادة زور.

7- لا تشته امرأة قريبك ولا غيره ولا أمته ولا ثوره ولا حماه ولا شيئاً مما لقريبك.

8- من ضرب إنساناً فمات يقتل قتلاً.

9- ومن سرق إنساناً وباعه أو وجد في يده يقتل قتلاً.

10- ومن شتم أباه وأمه يقتل قتلاً (سفر الخروج).

فلا نجد في تلك الأحكام القوية روح المسالمة والسعي إلى السكنية اللتين سادتا العديد من المبادئ الخلقية في الفلسفة اليونانية القديمة خاصة لدى سقراط والرواقيين، كما عرفت الإنسانية معنى الحرمة والتحريم وانتهى عهد الإباحية وانطلاق الغرائز والشهوات وطلب اللذات بغي ضوابط أو قيود. وظهرت فكرة الخطيئة التي تدنس المخطئ ويمكن التكفير عنها بالهبات والقرابين.

على أنه يلاحظ أن اليهودية لم تقض على نظام الرق بل ظل قائماً
في ظلها، فأباحت التوراة الاسترقاق بطريق الشراء أو بسبب الحرب، وجعلت للعبري أن يستعبد العبري إذا افتقر فيبيع الفقير نفسه للغني، كما اباحت أن يقدم المدين نفسه لدائن حتى يوفي له الثمن ويظل عبداً لديه لمدة ست سنوات يتحرر بعدها في العام السابع، وأباحت التوراة للعبري أن يبيع بنته فتكون أمة للعبري الذي يشتريها.

ونلمس العزوف عن نصائح الزهد التي شاعت في ثنايا الفلسفة الأخلاقية اليونانية فيما جاءت به الديانة اليهودية مثل: ثروة الغني مدينته الحصينة ومثل: سور عالٍ في تصوره. على أن الشريعة اليهودية لم تقتصر على ترك الزهد والتسامح فحسب بل أنها أخذت بمبدأ الثأر المتشدد، فالعين بالعين والسن بالسن وإذا كانت قد دعت إلى حب الأصدقاء فقد دعت إلى بغض الأعداء على أن أكبر ما يستلفت النظر هو النص على أن العمل السيئ لا يقتصر أثره والجزاء عليه على فاعله فحسب بل أن الجزاء يتعداه إلى ذريته كذلك ففي نصوص التوراة: حرمت عليكم الأصنام والتماثيل وتصوير ما في السماء أو في الأرض أو في قاع البحر. لا تعبدوا شيئاً منهما ولا تقيموا الشعائر لها لأن الرب إلهكم الإله القوي الغيور الذي يتأثر من الآباء العصاة ويأخذ بجريرتهم أبناءهم وأحفادهم إلى الجيل الثالث والرابع حيث أنهم أبغضوه بالمعصية. ويمنح الغفران لمن أحبوه وحافظوا على فروضه وبسببهم يمنح هذا الغفران لأبنائهم وأحفادهم بل إلى ألف جيل من ذريتهم. ويمكننا بعدما أسلفناه أن نجعل النظرية الأخلاقية اليهودية ما يلي:

أولاً: أصبحت الأخلاق ذات مصدر سماوي وأن اللهِ تعالى هو الذي يقرر ما يكون خيراً وما يعد شراً وبذلك أفسحت أفكار النظريات الأخلاقية الوضعية المجال للمبادئ الدينية لتحل محلها.

ثانياً: كما أنه أصبح أمام البشر نظامان أخلاقيان: النظام اليهودي السماوي والنظام الإغريقي اللاتيني الوضعي وقد نشب بينهما الخلاف في أول الأمر ثم عمل رجال الدين والمفكرون على المزج بينهما بعد ذلك.

ثالثاً: اتسمت المبادئ الأخلاقية اليهودية بالعدل الثأري وبتأكيد شخصية الفرد والمحافظة على حقوقه.

رابعاً: تميزت القواعد الأخلاقية اليهودية بالتباين الكبير بالنسبة للنظريات الأخلاقية اليونانية سواء فيما يتعلق بنظرية القيم الخلقية أو بالأهداف وبالوسائل التي تؤدي إليها أو بأساليب السلوك عامة.

نماذج من أخلاقيات اليهود

1- غرور اليهود بافضليتهم على البشر:

في التعاليم اليهودية نجد الزعم القائل: أن بني إسرائيل هم (الشعب المختار) هذه الفكرة مع ما تحمل من مس لكرامة الشعوب الأخرى فإنها تشجع معتنقيها على العدوان واستغلال الغير والاستهانة بالمعاصي والآثام اتكالاً على هذا التفضيل.

المطلع على القرآن الكريم يلمح فيه إشارة إلى هذا التفضيل، ولكن على خلاف ما يفهمه بنو إسرائيل، حيث يشير القرآن الكريم إلى ذلك ليصحح مفهومه لديهم. يقول تعالى: (**يَابَنِي إِسْرَائِيلَ اذْكُرُواْ نِعْمَتِيَ الَّتِي أَنْعَمْتُ عَلَيْكُمْ وَأَنِّي فَضَّلْتُكُمْ عَلَى الْعَالَمِينَ * وَاتَّقُواْ يَوْماً لاَّ تَجْزِي نَفْسٌ عَن نَّفْسٍ شَيْئاً وَلاَ يُقْبَلُ مِنْهَا شَفَاعَةٌ وَلاَ يُؤْخَذُ مِنْهَا عَدْلٌ وَلاَ هُمْ يُنْصَرُونَ**) (البقرة: 47، 48).

إن تفضل بني إسرائيل الذي قصده القرآن ما كان تفضيلهم على المؤمنين العاملين بشريعة اللهِ بل كان تفضيلهم على شر طاغية في الوجود ألا وهو فرعون وحاشيته. وما فضلهم رب العالمين عليه إلا لأنهم كانوا مظلومين وكان هو الظالم،

كما ذكر القرآن في كلامه عن بني إسرائيل **(وَنُرِيدُ أَن نَّمُنَّ عَلَى الَّذِينَ اسْتُضْعِفُواْ فِي الأَرْضِ)** (القصص، 5) وقوله تعالى: **(وَتَمَّتْ كَلِمَةُ رَبِّكَ الْحُسْنَى عَلَى بَنِي إِسْرَائِيلَ بِمَا صَبَرُواْ)** (الأعراف، 137).

وما كان تفضيل القرآن تفضيلاً شخصياً لذواتهم أو لجنسهم وإنما يفضل اللهِ قوماً على قوم حسب أعمالهم، لذا بعد أن يأتي التفضيل في صدر الآية يعود في الشطر الثاني من الآية فيحذرهم أن يغروا بهذا التفضيل لأن كل نفس ستجزى بعملها قال تعالى: **(وَاتَّقُواْ يَوْماً لاَّ تَجْزِي نَفْسٌ عَن نَّفْسٍ شَيْئاً وَلاَ يُقْبَلُ مِنْهَا شَفَاعَةٌ وَلاَ يُؤْخَذُ مِنْهَا عَدْلٌ وَلاَ هُمْ يُنْصَرُونَ)** (البقرة، 48) .

2- أماني اليهود بمغفرة اللهِ:

وقد رسخ في وهم اليهود أن الخلاص والنجاة هي عملية جماعية لا فردية وأن الانتساب إلى ذرية إبراهيم يضمن لصاحبه الخلاص الأبدي. وهذه العقيدة ظلت تلازمهم وتنظم سيرهم في مختلف أطوار التاريخ وجعلتهم أشد الشعوب استغراقاً في الانحرافات الخلقية وانغماساً في المنكرات. فكان ذلك داعياً إلى اضطهادهم من جميع الشعوب التي جاوروها.

هذه الفكرة تعرض لها القرآن ورد عليها بقوله تعالى في شأن اليهود: **(وَقَطَّعْنَاهُمْ فِي الأَرْضِ أُمَماً مِّنْهُمُ الصَّالِحُونَ وَمِنْهُمْ دُونَ ذَلِكَ وَبَلَوْنَاهُمْ بِالْحَسَنَاتِ وَالسَّيِّئَاتِ لَعَلَّهُمْ يَرْجِعُونَ * فَخَلَفَ مِن بَعْدِهِمْ خَلْفٌ وَرِثُواْ الْكِتَابَ يَأْخُذُونَ عَرَضَ هَذَا الأدْنَى وَيَقُولُونَ سَيُغْفَرُ لَنَا وَإِن يَأْتِهِمْ عَرَضٌ مِّثْلُهُ يَأْخُذُوهُ أَلَمْ يُؤْخَذْ عَلَيْهِم مِّيثَاقُ الْكِتَابِ أَن لاَّ يِقُولُواْ عَلَى اللّهِ إِلاَّ الْحَقَّ وَدَرَسُواْ مَا فِيهِ وَالدَّارُ الآخِرَةُ خَيْرٌ لِّلَّذِينَ يَتَّقُونَ أَفَلاَ تَعْقِلُونَ)** (الأعراف: 168، 169)

والمعنى: فرقنا اليهود في الأرض جماعات منهم الصالحون ومنهم غير الصالحين، وقد اختبرناهم بالنعم والنقم رجاء أن يعود المذنبون منهم عن ذنبوهم، ثم خلف من بعد هؤلاء قوم ورثوا التوراة ولكنهم لم يعملوا بها بل أخذوا متاع الدنيا بوسائل غير مشروعة وقالوا سيغفر اللهِ لنا ما فعلنا ثم وبخهم اللهِ على طلبهم المغفرة مع إصرارهم على ما هم عليه فقال إن أخذنا عليهم العهد في التوراة – وقد

درسوا ما فيها- أن يقولوا الحق وأن الدار الآخرة للذين يتقون المعاصي أفلا يعقلون بأن نعيم الآخرة خير من متاع الدنيا.

3- جبن اليهود:

وصف القرآن اليهود بالجبن، والجبن من صفاته الغدر والخيانة ليعوض بذلك ما ينقصه من شجاعة، فجبن اليهود سبب تعلقهم الشديد بهذه الحياة ولو كانت حقيرة ذليلة جاء في كتاب الحرب على الساميين: (...إن الثواب الوحيد الذي كان البررة الصلاح من آل إسرائيل يرجونه هو أن يجود اللهِ عليهم بحياة طويلة باسمة الأفراح.. وكان اليهودي يرى أن نهاية الوجود بنهاية الحياة).

وقد وصفهم القرآن بالجبن والاعتداء على أنبياء اللهِ بقوله تعالى: (**ضُرِبَتْ عَلَيْهِمُ الذِّلَّةُ وَالْمَسْكَنَةُ وَبَاءُوا بِغَضَبٍ مِنَ اللَّهِ ذَلِكَ بِأَنَّهُمْ كَانُوا يَكْفُرُونَ بِآيَاتِ اللَّهِ وَيَقْتُلُونَ النَّبِيِّينَ بِغَيْرِ الْحَقِّ ذَلِكَ بِمَا عَصَوْا وَكَانُوا يَعْتَدُونَ**) (البقرة، 61) .

والمعنى: أن اللهِ أوجب عليهم الهوان أينما وجدوا إلا في حال اعتصامهم بحبل اللهِ وحبل الناس وأنهم استوجبوا غضب اللهِ كما أوجب عليهم الاستكانة والخضوع لغيهم وذلك بسبب كفرهم بآيات اللهِ وقتلهم الأنبياء الذي لا يمكن أن يكون بحق بل هو عصيان منهم واعتداء.

4- غدرهم وإجرامهم:

لم ينس العرب تلك الإهانة والطعنة التي أصيبوا بها في حرب فلسطين فعلى يد جماعة باغية مجرمة من اليهود الصهيونيين تعرضوا لكل أنواع الاعتداء والغدر والقتل الجماعي في سبيل إجلائهم عن أوطانهم ولا تزال دماء ضحايا مذبحتي دير ياسين وبيت دراس التي أخضلت بها أرض الوطن السليب أكبر شاهد على فداحة بغي الصهيونيين وإجرامهم وما اقترفوا فيهما من قتل الرجال والولدان والنساء العرب والتمثيل بهم بصورة تقشعر لها الأبدان.

والقرآن يصفهم بالإجرام حتى أنهم قتلوا رسل اللهِ: (**لَقَدْ أَخَذْنَا مِيثَاقَ بَنِي إِسْرَائِيلَ وَأَرْسَلْنَا إِلَيْهِمْ رُسُلاً كُلَّمَا جَاءَهُمْ رَسُولٌ بِمَا لاَ تَهْوَى أَنْفُسُهُمْ فَرِيقاً كَذَّبُواْ وَفَرِيقاً يَقْتُلُونَ**) المائدة: 70.

كما أن القرآن يصفهم بالغدر أيضاً بقوله: (**أَوَكُلَّمَا عَاهَدُواْ عَهْداً نَّبَذَهُ فَرِيقٌ مِّنْهُم**) البقرة: 100.

5- يفسدون في الأرض:

من الأهداف المرسومة عند اليهود الصهيونيين تقويض الأخلاق عند الغير لإضعافه والسيطرة ومن الرائع أن القرآن سبق أن قرر هذه الحقيقة منذ خمسة عشر قرناً حيث جاء في قوله تعالى عن اليهود: (**وَيَسْعَوْنَ فِي الأَرْضِ فَسَاداً وَاللّهُ لاَ يُحِبُّ الْمُفْسِدِينَ**) (المائدة: 64).

وقال تعالى: (**وَتَرَى كَثِيراً مِّنْهُمْ يُسَارِعُونَ فِي الإِثْمِ وَالْعُدْوَانِ وَأَكْلِهِمُ السُّحْتَ لَبِئْسَ مَا كَانُواْ يَعْمَلُونَ * لَوْلاَ يَنْهَاهُمُ الرَّبَّانِيُّونَ وَالأَحْبَارُ عَن قَوْلِهِمُ الإِثْمَ وَأَكْلِهِمُ السُّحْتَ لَبِئْسَ مَا كَانُواْ يَصْنَعُونَ**). (المائدة: 62، 63).

والمعنى: وترى أيها الرسول كثيراً من هؤلاء اليهود يسارعون في المعاصي والاعتداء على غيرهم وفي أكل المال الحرام كالرشوة والربا ولبئس ما يفعلونه من هذه القبائح. أما كان ينبغي أن ينهاهم علماؤهم وأئمتهم عن قول الإثم كالكذب وكل منكر قبيح كالغيبة والنميمة والطعن في الغير وأكل المال الحرام فبئس ما كان يصنع علماؤهم من الرضا بهذه المعاصي وترك نصحهم وعدم أمرهم بالمعروف ونهيهم عن المنكر.

ومن أخلاقهم أيضاً كذبهم وادعاؤهم الديمقراطية والسلام. فهم يكذبون الكذبة ويصدقونها ويدافعون عن صدقها المزيف منذ وعد إبراهيم في أرض فلسطين الذي كان وعداً مزعوماً وحتى اليوم. قال تعالى: (**كَبُرَتْ كَلِمَةً تَخْرُجُ مِنْ أَفْوَاهِهِمْ إِن يَقُولُونَ إِلاَّ كَذِباً**) (الكهف، 5).

ويقول اللهِ تعالى فيهم: (فَبِمَا نَقْضِهِم مِّيثَاقَهُمْ لَعَنَّاهُمْ وَجَعَلْنَا قُلُوبَهُمْ قَاسِيَةً يُحَرِّفُونَ الْكَلِمَ عَن مَّوَاضِعِهِ وَنَسُواْ حَظًّا مِّمَّا ذُكِّرُواْ بِهِ) (المائدة: 13).

ومن فضائحهم استخدامهم للنساء للتأثير على ذوي السلطة والجاه لتحقيق أغراضهم الدنيوية والمادية وفيها قصص كثيرة يرددها اليهود في أسفارهم الكثيرة.

ومن الأمثلة المعاصر على المجازر التي قاموا بها ضد الشعب الفلسطيني مذبحة دير ياسين 10 إبريل 1948 حيث بدأ الهجوم والأطفال نيام في أحضان أمهاتهم وآبائهم وقاتل العرب كما يقول مناحيم بيغن في حديثه عن المذبحة "دفاعاً عن بيوتهم ونسائهم وأطفالهم بقوة" فكان القتال يدور من بيت لبيت وكان اليهود كلما احتلوا بيتاً فجروه ورغم أن المجزرة لم تمتد لأكثر من 13ساعة غير أن الإرهابيين الصهاينة استطاعوا قتل ما لا يقل عن 25 امرأة حامل وأكثر من 52 طفلاً دون سن العاشرة وقد قطعت أوصالهم وتدمير مدرسة أطفال القرية وقتل معلمتهم بما وصل إلى ما يزيد عن 250 شهيداً.

وهناك مذبحة مخيمي صبرا وشاتيلا لبنان 16-18 سبتمبر 1982. مذبحة المسجد الأقصى 8 أكتوبر 1990 حيث تم إحراق المسجد الأقصى- بتاريخ 1969/8/21 حيث قامت بقطع المياه من منطقة الحرم فور ظهور الحريق وحاولوا منع المواطنين العرب من الاقتراب.

مذبحة الحرم الإبراهيمي في الخليل 25 نوفمبر 1994.

مذبحة في خان يونس للاجئين في قطاع غزة قتل فيها أكثر من 50 من السكان خلال هجوم شنه الإسرائيليون على المخيم يوم 3 نوفمبر 1956، وفي 12 نوفمبر 1956 أي بعد تسعة أيام فقط قامت وحدة من الجيش الإسرائيلي بمجزرة راح ضحيتها حوالي 275 فلسطيني من نفس المخيم وقتل خلالها أكثر من مائة آخرين وفي نفس اليوم من سكان مخيم رفح للاجئين.

وللتعريف ببعض أخلاق اليهود على سبيل المثال لا الحصر نورد المعاني التالية:

أولاً: نقضهم المواثيق والعهود قبل أن يجف الحبر الذي كتبت به وهذا ما نراه يوميا (**أَوَكُلَّمَا عَاهَدُواْ عَهْداً نَّبَذَهُ فَرِيقٌ مِّنْهُم بَلْ أَكْثَرُهُمْ لاَ يُؤْمِنُونَ**) (البقرة، 100).

ثانياً: تحريف الكلام: إذ اشتهر اليهود بتغيير كلام اللهِ وتحريفه ليحولوا دون إيمان الناس واتباع الرسول الكريم فغيروا صفات النبي عليه الصلاة والسلام (**مِّنَ الَّذِينَ هَادُواْ يُحَرِّفُونَ الْكَلِمَ عَن مَّوَاضِعِهِ**) (النساء، 46) .

ثالثا: العناد في الكفر: ورغم معرفتهم التامة بصدق الرسالة إلا أنهم يؤولون كلام اللهِ بالباطل، (**أَفَتَطْمَعُونَ أَن يُؤْمِنُواْ لَكُمْ وَقَدْ كَانَ فَرِيقٌ مِّنْهُمْ يَسْمَعُونَ كَلاَمَ اللّهِ ثُمَّ يُحَرِّفُونَهُ مِن بَعْدِ مَا عَقَلُوهُ وَهُمْ يَعْلَمُونَ**) (البقرة، 75).

ومن يقرأ القرآن يجد نعمة اللهِ التي أنعمها على بني إسرائيل وتفضيله لهم على عالم زمانهم وكيف أنجاهم من آل فرعون، وكم من معجزة رأوها بأم أعينهم ومع ذلك اتخذوا العجل إلهاً وزادت وقاحتهم أن طلبوا من سيدنا موسى عليه السلام أن يروا اللهِ جهرة فأرسل اللهِ عليهم ناراً من السماء.

رابعاً: المجادلة والتستر على الجرائم: جميعنا يعرف قصة البقرة ومحاولتهم المراوغة لعدم إظهار القاتل الذي تم التستر عليه ولكن اللهِ أظهر الحق ولم يدع لهم مجالاً للهروب وإظهار الحق.

خامساً: الاستكبار والاستعلاء: طالما شعر اليهودي أنه مالك للقوة وعناصرها فإنه لا يعطي حقاً ولو كان صغيراً لا يملأ النقير الصغير الذي لا يتسع لذرة تراب (**أَمْ لَهُمْ نَصِيبٌ مِّنَ الْمُلْكِ فَإِذاً لاَّ يُؤْتُونَ النَّاسَ نَقِيراً**) (النساء، 53).

نظرة اليهود إلى غيرهم من متبعي الديانات الأخرى

يعتبر التلمود أنه لولا خلق اللهِ اليهود لانعدمت البركة من الأرض. ولما خلقت الأمطار والشمس، ولما عاشت في المخلوقات وأن الفرق بين اليهود وباقي الشعب هو الفرق بين الإنسان والحيوان.

ويقول سفر الخروج: "الأعياد المقدسة لم تجعل للكلاب والأجانب".

وهنا وبصراحة يصفون غير اليهود بالكلاب.

وأولاد (نوح) حسب التلمود هم الخارجون عن دين اللهِ -دين اليهود- لأنهم لم يحافظوا على الوصايا السبع، فاخذ اللهِ أموالهم وسلمها لليهود. وعلى هذا فإذا سرق أولاد نوح شيئاً ولو كانت قيمته طفيفة، فإنهم يستحقون الموت.

أما اليهودي فمسموح له حسب التلمود أن يضر غير اليهودي. فقد جاء في الوصايا السبع "لا تسرق مال قريبك" وأما مال الخارجين فسرقته جائزة، لأنها ليست سرقة بل استرداد لأموالهم. ولكل يهودي الحق في وضع يده عليه.

ويرى التلمود أنه عندما تصير ممتلكات المسيحي نهائياً في يد اليهودي، يكون لبني إسرائيل الحق في التصرف بهذه الممتلكات.

ويقول: "كما أن ربة المنزل تعيش من خيرات زوجها هكذا أبناء إسرائيل يجب أن يعيشوا من خيرات أمم الأرض دون أن يحتملوا عناء العمل".

ومن ينقلب عن الديانة اليهودية يعامل معاملة الأغراب من المسيحيين والمسلمين، أما إذا انقلب ليغش الأجنبي فيجوز ذلك. ويبقى يعامل معاملة اليهودي.

التعاليم اليهودية:

1- قتل نفس غير اليهودي بدون حق:

يقول التلمود "أقتل عبدة الأوثان ولو كانوا من أكثر الناس كمالاً". ويعتبر التلمود الخارج عن دين اليهود مثل الحيوان لا يستحق الرأفة لأن غضب اللهِ موجه إليه وأنه لا يلزم أن تأخذ اليهود شفقة عليه.

ويعود التلمود مرة أخرى ويقول: "أقتل الصالح من غير الإسرائيليين".

فإذا قصد يهودي قتل حيوان، فقتل شخصاً بالخطأ، أو أراد قتل وثني أو أجنبي فقتل يهودياً فخطيئته مغفورة. وقال التلمود أنه يجوز قتل من ينكر وجود اللهِ.

ويقول التلمود أيضاً: "من العدل ان يقتل اليهودي بيده كل كافر لأن من يسفك دم الكافر يقدم قرباناً لله.

ومن تعاليمهم أيضاً قتل كل من خرج عن دينهم، وخصوصاً الناصريين لأن فتلهم من الأعمال التي يكافئ عليها اللهِ.

وإذا لم يتمكن اليهودي من قتلهم فمن الواجب عليه أن يتسبب في هلاكهم في أي وقت وبأي شكل لأن تهديد بني إسرائيل سيدوم ما دام واحد من هؤلاء الكفار على قيد الحياة.

لذلك جاء:

"أن من يقتل مسيحياً أو أجنبياً أو وثنياً يكافأ بالخلود في الفردوس والجلوس هناك في السراي الرابعة، أما من قتل يهودياً فكأنه قد قتل العالم أجمع. ومن تسبب بخلاص يهودي فكأنه خلص الدنيا كلها".

وهنا يظهر الاستهتار بحياة غير اليهودي بحجة أنه من الحيوانات التي يحل قتلها، وأن اللهِ "حاشى له" يكافيء اليهودي على قتله الأجنبي ويكافأه بالخلود في الجنة.

2- الربا والغش والسرقة:

يجوز لليهودي حسب التلمود أن يغش الكافر لأنه يلزم أن يكون طاهراً مع الطاهرين ودنساً مع المدنسين".

ويبيح التلمود لليهودي أن يكون مؤدباً مع الكافر، ويدعي محبته إذا خاف وصول الأذى منه إليه. وأن اليهودي إذا قابل أجنبياً ووجه له السلام فلا بد أن يهزأ منه في سره.

وعلى اليهودي أن يجتهد في غش الأجنبي، بشرط ألا يكتشف أنه يغش وذلك حتى لا يضر بالدين في عيون الأجانب.

أما فيما بينهم فلا غش ولا خداع.

وجاء في التلمود:

أن اللهِ لا يغفر ذنب يهودي يرد لأجنبي ماله المفقود. وإذا هرب أحد اليهود من دفع دين يطالبه به أجنبي، وأبلغ أحد اليهود عن مكان زميله الهارب فيلزم على المبلغ أن يدفع لليهودي المبلغ عنه قيمة الضرر الذي لحقه من ذلك البلاغ.

أما الربا فقد جاء أن موسى قد سمح بطلب الفائدة القانونية من غير اليهودي وهذا معناه أن طالب الفائدة يجب عليه أن يقرض الشيء سليماً وبغير هذا الشرط لا يجوز له طلب ذلك.

وجاء في سفر تثنية الاشتراع:

"لا تقرض أخاك بربا في فضة أو شيء آخر مما يقرض بالربا بل الأجنبي إياه تقرض بالربا. وأخاك لا تقرضه بالربا".

والتلمود يؤيد هذا الأمر:

لا تقرض الأجنبي بغير الربا، ولكن بالربا أقرضه.

وأما عن الغش فيجب على اليهودي أن يجتهد في غش الأجنبي بشرط ألا يكتشف الأخير أنه يغش، وذلك حتى لا يضر بالدين في عيون الأجانب.

وحسب التلمود يجوز لليهودي أن يحلف يميناً كاذباً أمام حاكم الدول. إذا سأل عن شيء لم يطبقه في الشريعة اليهودية. أو قال ما لا يجوز قوله.

وفي كل مدة يوجد في مجمع اليهود يوم للغفران العام. وهذا اليوم ليس على اليهود أن يرد ما نهبه أو سرقه من الأجنبي للحصول عليه. لا وبل يمنح لهم العفو فسيمحو كل ذنب ارتكبوه ومن ضمنها الأيمان الكاذبة.

3- تحقير المرأة:

قال موسى عليه السلام: "لا تشته امرأة قريبك، ومن يزني بامرأة قريبه يستحق الموت".

ولكن التلمود لا يعتبر القريب إلا اليهودي فقط. وهم يقولون بأن اليهودي لا يخطئ إذا تعدي على عرض الأجنبي. لأن المرأة التي ليست من بني إسرائيل

كالبهيمة. والعقد لا يصح مع البهائم وما شاكلها. وأن لليهــود الحــق في اغتصـاب النسـاء غـير اليهوديات.

وكل ما جاء في التلمود يؤكد استحقار المرأة والاستهانة بها.

ويعلم التلمود أن الصلوات العلنية في المجامع اليهودية تستدعي حضور عشرة رجال لأن تسعة رجال ومليوناً من النساء لا تؤلف محفلاً واحداً. فيكون عندئذ حضور المرأة ناقصاً. لأن المرأة لا تعد شيئاً.

4- الرياء:

يقول بيشاي:

"إن الرياء مسموح".

"وأن الرجل اليهودي يمكنه أن يظهر بمظهر المهذب تجاه الشرير ويستطيع أن يقول له أنا أحبك إذا كان خائفاً منه ووجه ذلك ضربة لازمة.

ويجوز لليهودي أن يسلم على غير اليهودي قائلاً:

إلهك معك أو إلهتك تبارك لك.

لأن إله المسيحيين لا يمكنه أن يضع شيئاً مـن ذلـك لعبـاده. بـل هـم بـأقوالهم هـم يستهزءون باطناً بالنصارى عندما يدعون لهم بأمثال هذه الأدعية.

وإذا كان اليهودي يحسن إلى النصارى ويعود مرضاهم ويدفن موتاهم كمـا يعلـم التلمود فهو يفعل ذلك حباً للسلام وخوفاً من إثارة غضبهم.

وأخيراً نقول أنه كان من عادة الرباني (شاهاتا) المتمسك بالدين تمسكاً قوياً أن يسلم على غير اليهود قائلاً:

- السلام معك.

إنما كان يوجه نيته إلى أستاذه وليس إلى غير اليهودي.

الأخلاق المسيحية

تعتبر المسيحية امتداداً للفكر اليهودي في الفترة الأولى لظهورها ويتسم العهد الجديد بنوع من التشاؤم النسبي كاهتمامه بالخطيئة الأصلية واحتقار الأهواء والحب الشهواني واحتقار الذكاء المتكبر والخلاص غير ممكن إلا باللطف الإلهي لا بالأعمال الأرضية.

وهو مذهب متفائل لوجود البشارة المسيحية وحب الآخرين كحب النفس. ويمتزج التفاؤل والتشاؤم في الأخلاقية التي قادت العالم المسيحي عشرين قرناً. تقوم الأخلاق على الإخاء وعلى الإحسان وعلى المغفرة التي يجب ألا تقف دون الطوائف والحدود. وفي المسيحية الحديثة، أصبح اللهِ محبة قبل كل شيء. وبدأت تسعى النصرانية إلى الاندماج في اللهِ كالممارسة الدائمة للإحسان وبذل النفس للغير والكمال الروحي في التأمل في اللهِ. ولكن ظهرت بوادر أخلاق تزمتية مبنية على الخشية والأخلاق الصارمة التي لا تعرف التساهل وقد قاد هذا الفكر الجانسينيون وظهرت الأخلاق العقلية التي تحدد الأخلاق على أنها التطبيق العملي لتلك المعرفة العقلية وبدأ التمازج بين أفكار أرسطو والوحي المسيحي وظهرت الفضائل الطبيعية الأربعة (العفة والشجاعة والحكمة والعدالة، إلى جانب فضائل لاهوتية أخرى ثلاثة هي (الإيمان والإحسان والأمل). أما في ظهور البروتستانتية فإن الإنسان يبرر نفسه بواسطة الإيمان وحده لا بواسطة الأفعال والاستسلام للحدب الإلهي والإيمان المطلق اللاعقلاني[1].

وأهم ما تتميز به القواعد الخلقية في المسيحية أمران:

الأول: يتعلق بالقيم.

الثاني: يتعلق بالسلوك.

وسوف نشير فيما يلي إلى كل منهما.

---

(1) المذاهب الأخلاقية الكبرى، المصدر السابق، ص 63-81 بتصرف.

أولاً: القيم في المسيحية:

لأول مرة يجد البشر قيماً جديدة لا عهد لهم بها لا في فلسفة اليونـان ولا في شريعـة اليهود، جاءت بها المسيحية، فإذا كان ما يهم الإنسان هو سعادته فإن تلـك السـعادة ليسـت في هذا العالم. فليست الأرض إلا منفى، أما مملكـة اللهِ فليسـت في عالمنـا الأرضي بـل هـي في العالم الآخر، وهكذا جعلت المسيحية كل قـيم الحيـاة الـدنيا لا تسـاوي شـيئاً بجانـب القـيم الخالدة في الحياة الخالدة، ولهذا فإن الاهتمام بهذا العالم الآخر هو الذي ينبغـي أن يسـتحوذ على كل الرغبات وآمال الإنسان ويسيطر على سلوكه وأفعاله وأفكاره. ففي الإنجيل:

(1) لا تجمعوا النفائس حيث السـوس والصـدأ يتلفـان كـل شيء، وحيـث اللصـوص ينقبون ويسرقون.

(2) ليس بالخبز وحده يحيا الإنسان (إنجيل متى 4: 4).

(3) ماذا ينفع الإنسان إذا ربح العالم كله وخسر نفسه (إنجيل متى 16:26).

(4) لا يقدر أحد أن يخدم سيدين لأنه أما أن يبغض الواحد ويحـب الآخـر أو يـلازم الواحد ويحتقر الآخر، ولا تقدروا أن تخدموا اللهِ والمال.

(5) لا تهتموا بحياتكم بما تأكلون وبما تشربون ولا لأجسـادكم بمـا تلبسـون أليسـت الحياة أفضل من الطعام والجسد أفضل من اللباس. (إنجيل متى 6 :25).

فالمسيحية تدعو إلى ترك متع الحياة الدنيا والزهـد في نعيمهـا وعـدم التعلـق بالمـال والمسيح عليه السلام ينصح أتباعه قائلاً: اترك مالـك واتبعنـي. والمحبـة قيمـة حرصـت عليهـا المسيحية. ففي الإنجيل وصية جديدة أنا أعطيكم: أن تحبوا بعضكم بعضاً.

ثانياً: الوسائل الخلقية (السلوك)

دعا المسيح عليه الصلاة والسلام إلى تغير شامل في النفس الإنسانية يؤثر على السلوك الفردي والاجتماعي، أتباعه، ويتجلى ذلك من نصائح الإنجيل ومنها:

(1) طوبى للمساكين بالروح لأن لهم ملكوت السموات (إنجيل متى 5: 3)

(2) طوبى للحزانى لأنهم يتعزون (إنجيل متى 5: 4)

(3) طوبى للودعاء لأنهم يرثون الأرض (إنجيل متى 5: 5)

(4) طوبى للجياع والعطاشى إلى البر لأنهم يشبعون (إنجيل متى 5: 6)

(5) طوبى للرحماء لأنهم يرحمون (إنجيل متى 5: 7)

(6) طوبى للانقياء القلب لأنهم يعاينون اللهِ (إنجيل متى 5: 8)

أن الفارق الجوهري بين المسيحية واليهودية يتجلى في مسألة الجزاء فبينما أخذت اليهودية بقاعدة الجزاء، فالعين بالعين والسن بالسن، نجد المسيحية تدعو إلى مقابلة الشر بالخير والرد على السوء بالحسنى:

1- أحبوا أعداءكم، باركوا لاعنيكم، أحسنوا إلى بعضكم وصلوا لأجل الذين يسيئون إليكم أو يطرونكم.

2- لا تقاوموا الشر بل من لطمك على خدك الأيمن فحول له الآخر أيضاً.

3- فإن جاع عدوك فأطعمه وإن عطش فأسقه لأنك إن فعلت هذا تجمع جمر نار على رأسه.

وهكذا نجد أن في المسيحية من تعاليم الزهد ورياضة النفس ما يذكرنا بمبادئ الفلسفة اليونانية واللاتينية في مجال الأخلاق خاصة آراء سقراط وأفلاطون والرواقيين وشيشرون. وهو ما ظهر أثره فيما بعد من امتزاج تلك الفلسفة الأخلاقية بالديانة المسيحية. وقد ظهر هذا الامتزاج منذ القرن الأول الميلادي ووجد له تبريراً أن الإيمان يحتاج إلى الفهم وإلى الأدلة العقلية ثم أن الإيمان لا يناقض العقل وظهرت ثمار ذلك في القرون الخمسة الأولى للمسيحية في الإنتاج اليوناني للقديس فيلون الإسكندري.

الجانب التطبيقي في الأخلاق المسيحية:

أشرنا فيما سلف إلى الأخلاق النظرية كما جاءت بها تعاليم الديانة المسيحية وأغرب ما نلمسه عند النظر في الأخلاق العملية والسلوك الواقعي لمعتنقي هذه الديانة هو البون الشاسع بين النظرية والتطبيق وبين المبادئ والواقع لا في عصرنا الحاضر فحسب بل وعبر عصور التاريخ أيضاً. وأما بالنسبة لتاريخ الشعوب المسيحية فيكفي أن نذكر الحروب الصليبية التي شنوها على المسلمين في الشرق وما جرى فيها من مذابح بخاصة في القدس وحيث ذبحوا النساء والشيوخ والأطفال وزاد ضحاياهم فيها على مائتي ألف شهيد مسلم.

بل ولا ننسى ذبح المسلمين في الأندلس بعد انتصار المسيحيين فيها وأيضاً ما فعله الاستعمار المسيحي بشعوب البلاد الإسلامية من شرق آسيا وأندونيسيا، ولقد قامت في أوروبا الجمعيات الثورية التي غايتها القضاء على من تراهم أعداء المسيحية ووسيلتها الدماء والمقاصل.

الرهبنة في المسيحية:

على أن مما يستلفت الانتباه أنه في مقابل هذا الخروج عن تعاليم المسيحية والعمل بما يناقضها نجد، ومنذ زمن بعيد اتجاهاً آخر مخالفاً لهذا الاتجاه ومتطرفاً في تطبيق تلك التعاليم والتشدد فيها، ونعني به الاتجاه نحو الرهبنة وإيثار حياة الأديرة.

إن السؤال الأساسي والجوهري لمدى أخلاقية عمل معين هو أن نتسائل عن أخلاقيته وعادة ما نقول حلال أم حرام، جائز أم غير جائز، أخلاقي أم غير أخلاقي. ويتردد في كثير من الأحيان تساؤل آخر وهو ماذا يتوجب على المرء أن يفعل في مثل هذا الموقف، إلا أن التساؤل الذي أوجدته الأخلاق المسيحية يختلف تماماً عن كل التساؤلات السابقة فالأخلاق المسيحية تتسائل: أي نوع من الناس أود أن أكون؟ وبمن أقتدي؟

إن الأخلاق المسيحية علمت الناس أن تتحر دوافع سلوكهم من الرغبة في الحصول على استحسان الآخرين فتكون أعمالهم الفاضلة من أجل الفضيلة وليس من أجل التظاهر بها وقد ورد هذا في حديث السيد المسيح عندما قال (متى 6: 1-18) فإن من يفعلون هذا لينالوا استحسان البشر، يستوفون أجرهم بمجرد ثناء الناس عليهم كذلك في (متى 5: 13-14) تطالب الأخلاق المسيحية أن يكون الناس ملح الأرض ونورا للعالم كي يعم خيرهم.

أما الكمال في الأخلاق المسيحية فقد كان له أهمية كبرى ودعوة واضحة تظهر في النموذج الذي تضعه المسيحية أمام أعين المسيحيين وهي طبيعة اللهِ الكاملة فتقول "كونوا كاملين كما أن أباكم الذي في السموات هو كامل" (متى 5: 48) وهذا يختلف عن كافة الشرائع والفلسفات القديمة التي جعلت المقارنة في العمل الأخلاقي مع تجارب دنيوية أو نماذج بشرية أن الكمال في الأخلاق المسيحية التي يطلبها المسيح يظهر في توجيه النظر إلى دواخل النفس لا إلى ظواهر الأمور فلا يكفي أن تكون الأفعال صالحة بل ينبغي أن تكون الدوافع نقية لأن نقاء الفكر والقلب هي التي تجعل الإنسان يضبط عواطفه ورغباته ذلك لأن الشهوة والغضب هما ضد المحبة أما بعض الصفات كالوداعة ونقاوة القلب والرحمة، هي صفات أبناء الملكوت.

لقد اهتم المسيح بكل ما هو أصيل وعميق في الشخصية الإنسانية، لأن هذه هي الينابيع التي تفيض منها الأخلاق العملية، فالشخصية هي التي تحدد السلوك "كل شجرة جيدة تصنع أثماراً جيدة، وأما الشجرة الردية فتصنع أثماراً ردية" كما ورد في (متى 7: 17).

ولعل هذا يوضح لنا ماذا كان موقف المسيح يكون إزاء بعض النظريات الحديثة في الأخلاق، الذين لا يهتمون بأصول الأخلاق في داخل الشخصية، مكتفين فقط بنتائج الأفعال.

على أننا نقع في خطأ لو تصورنا أن الاهتمام بدوافع النفس ودواخلها هـو وحـده مـا يطلبه المسيح بصرف النظر عن النتائج، فإن النص الذي سبق الاقتباس منه يقول أيضاً أن "كل شجرة لا تصنع ثمراً جيداً تقطع وتلقى في النار. فإذا مـن ثمـارهم تعرفونهم" (مـت 7: 19 و 20)- وفي خاتمة العظة على الجبل يقول السيد المسيح إن المشبه بمن يبنى على الصخر ليس من "يسمع" فقط بل من يسمع و"يعمل" بأقواله (مت 7: 24-27).

وهناك جانب آخر نرى فيه أخلاقيات السيد المسيح وهو المعارضة الكاملة لكل مـا هو أناني. "إن الإصرار المطلق على الكمال في أخلاقيات المحبة عند المسيح، يجعلها تقف موقفاً حاسماً بلا تهاون أو محاولات توفيقية، ليس فقط إزاء الدوافع الطبيعية الذاتية، بل حتى إزاء المدافعة عن النفس ضد أنانية الآخرين".

إن السيد المسيح ينهى عن القلق من أجل الطعام واللباس، وينهى عن الكبرياء بكـل مظاهرها، وعن مقاومة الأعداء، فلا بد أن تكون المحبة عامة، وحتى الولاء للعلاقات الأسرية يجب أن يخضع لولاء أسمى وهو الولاء لله.

سئل المسيح (عليه السلام): يا معلم أية وصية هي العظمى في الناموس؟

قال المسيح "تحب الرب إلهك من كل قلبك ومن كل نفسك ومـن كـل فكرك. هـذه هي الوصية الأولى والعظمى. والثانية مثلها: تحب قريبك كنفسك. بهاتين الوصيتين يتعلق الناموس كله والأنبياء" (مـت 22: 36-40) (انظر أيضاً مـرقس 12: 28-31، تـث 6: 5، لا 19: 18).

وهذه بعض أقوال المسيح (عليه السلام) على سبيل المثال:

"من سألك فأعطه ومن أراد أن يقترض منك فلا ترده" (متى 5: 42).

"من أراد أن يخاصمك ويأخذ ثوبك فاترك له الرداء أيضاً". (مت 5: 40).

"بيعوا مالكم وأعطوا صدقة" (لو 12: 33).

"إن كانت عينك اليمنى تعثرك فاقلعها وألقها عنك" (مت 5: 29).

"أنتم نور العالم لا يمكن أن تخفي مدينة موضوعة على جبل فليضيء نوركم هكذا قدام الناس لكي يروا أعمالكم الحسنة ويمجدوا أباكم الذي في السموات" (متى 5: 14+16).

"قد سمعتم أنه قيل للقدماء لا تقتل ومن قتل يكون مستوجب الحكم وأما أنا فأقول لكم إن كل من يغضب على أخيه باطلاً يكون مستوجب الحكم" (متى 5: 21).

بقي أن نقول: هل طبق (الغرب المسيحي) هذه التعاليم عندما جاء بأساطيله إلى الشرق أيام الحرب الصليبية؟ وهل أن هذه الأخلاق خاصة بنظر المسيحي إلى المسيحي فقط دون أن تشمل بقية الناس؟

نضيف إليها الحرب الصليبية المعاصرة التي يشنها الغرب على البلدان العربية والإسلامية فهل نجد فيها هذه التعاليم؟

ومن التعاليم التي جاء بها المسيح وأصبحت حبراً على ورق في أخلاق (الغرب المسيحي) هي:

" قد سمعتم أنه قيل للقدماء لا تزن، وأما أنا فأقول لكم إن كل من ينظر إلى امرأة ليشتهيها فقد زنى بها في قلبه" (متى 5: 28)

"أيضاً سمعتم أنه قيل للقدماء لا تحنث بل أوف للرب أقسامك وأما أنا فأقول لكم لا تحلفوا البتة لا بالسماء لأنها كرسي اللهِ ولا بالأرض لأنها موطئ قدميه ولا بأورشليم لأنها مدينة الملك العظيم ولا تحلف برأسك لأنك لا تقدر أن تجعل شعرة واحدة بيضاء أو سوداء بل ليكن كلامكم نعم نعم لا لا وما زاد على ذلك فهو من الشرير" (متى 23: 5-27)

"احترزوا من أن تصنعوا صدقتكم قدام الناس لكي ينظروكم" (متى 6: 1)

"وأما أنت فمتى صنعت صدقة فلا تعرف شمالك ما تفعل يمينك لكي تكون صدقتك في الخفاء (متى 6: 3)

"وأما أنت فمتى صليت فادخـل إلى مخـدعك وأغلـق بابـك وصـل إلى أبيـك الـذي في الخفاء" (متى 6: 6)

"لا تكنزوا لكم كنوزاً على الأرض حيث يفسد السوس والصدأ وحيث ينقب السارقون ويسرقون بل اكنزوا لكم كنـوزاً في السـماء حيـث لا يفسـد سوس ولا صـدأ وحيـث لا ينقب سارقون ولا يسرقون" (متى 6: 22-23)

"سراج الجسد هو العين فإن كانت عينك بسيطة فجسدك كله يكون نـيراً وإن كانـت عينك شريرة فجسدك كله يكون مظلماً فإن كان النور الذي فيـك ظلاماً فـالظلام كـم يكون" (متى 6: 22-23)

"لا تدينوا لكي لا تدانوا لأنكم بالدينونة التي بها تـدينون تـدانون وبالكيـل الـذي بـه تكيلون يكال لكم" (متى 7: 1+2)

"اسألوا تعطوا اطلبوا تجدوا اقرعوا يفتح لكم لأن كل مـن يسـأل يأخـذ ومـن يطلب يجد ومن يقرع يفتح له" (متى 7: 7+8)

إننا في العهد الجديد لا نقف أمام تعاليم ووصايا، لكننا نقـف أمـام شخصية المسيح الذي علمنا في حياته وتعليمه طبيعة المحبة، لكي يسعى المسيحي بالإيمان باللهِ والاتكال عليه، أن يكون صالحاً.

فهل حفظ (المسيحي الغربي) هذه الوصايا والتعاليم؟

وقد مررنا علـى كـل التعـاليم الأخلاقيـة والنظريـات الغربيـة التـي ترعرعـت في ظل مسيحيي الغرب. وكلها تناقض ما ينتمون إليه أو ما يدّعون أنهم ينتمون إليه..

الوحدة الثانية
الأخلاق الإسلامية

علم الأخلاق في الإسلام

ماهية الأخلاق

التعريف بالشريعة الإسلامية

موقع الأخلاق في الشريعة الإسلامية

مولد علم الأخلاق

مؤثرات على الفكر الإسلامي

الفرق بين علم الأخلاق وعلم القانون

الغاية من الأخلاق والقانون

أهمية دراسة الأخلاق

التأثير الأخلاقي على سلوك الإنسان

منزل الأخلاق في الإسلام

أهداف القرآن الكريم في التربية الإسلامية

في هذه الوحدة سوف نتناول الأخلاق في الإسلام بدءاً من مفهـوم الأخـلاق في الإسلام وموقع الأخلاق من الشريعة الإسلامية ومتى بدأ علم الأخلاق في الظهور ثم أوجه الفروق بين علم الأخلاق وبين علم القانون الوضعي ثم الغاية من الأخـلاق والـذي نتبـين فيـه عـلى مـاذا يقوم القانون الوضعي وكذلك على ماذا يقوم علم الأخلاق الإسلامي لنصل إلى أهمية دراستنا للأخلاق ثم نتناول تأثير الأخلاق على سلوك الإنسان ثم نبـين منزلـة الأخـلاق في الإسـلام مـع أمثلة على ذلك من خلال آيات القرآن الكريم، ثم ندرس مصادر الأخلاق في الإسلام مقارنة لمـا سبق أن أخذناه عن مصادر الأخلاق في الفصل السابق.

ونتناول موضوعاً تربوياً في الأخلاق كما يبينها القرآن الكريم.

الأخلاق في الإسلام

ماهية الأخلاق

إن اصطلاح الأخلاق لا يعني بالضرورة الأخلاق الحسنة بـل هـو اصطلاح يحتمـل الوضيعة منها فيقال أخلاق حسنة أو سيئة ونستطيع أن نبين مـا هـية الأخلاق بـإيراد أهـم السمات والخصائص التي تميزها وتجعلها في ثلاثة مراتب:

الأولى: أن الأخلاق موضوعها ومحلها الإنسان ذاته وليس ما يملك أو يجوز في أمـوال وعروض. إن الأخلاق في الحقيقة ليست مجرد قيم معنوية بل هي ذات الإنسان.

الثانية: أن الأخلاق تقوم على قاعدة العطاء لا الأخذ وعلى أساس التحمـل بالواجبـات وليس المطالبة بالحقوق وحتى بالنسبة للقيم والقواعد التي جاءت بها الشريعة الإسـلامية في مجال الأخلاق لا حدوداً وعقوبات مقدرة توقع على مخالفتها.

الثالثة: أن الأخلاق سلوك مستمر لا ينقطع ولا يتوقف وهذه الخاصية تميز الأخلاق عن كل الواجبات والفروض الدينية. ولما كانت الأخلاق مصدرها النفس ومحلها القلب فإن الرسول عليه الصلاة والسلام قد دلنـا على ذلـك المعنـى في قولـه: "إن في الجسـد مضغة إذا صلحت صلح البدن كله وإن فسدت فسد الجسد كله ألا وهي القلب".

التعريف بالشريعة الإسلامية

الشريعة هي الأحكام التي شرعها الله لعبـاده علـى لسـان رسـول مـن الرسـل علـيهم الصلاة والسلام، وتنقسم الشريعة الإسلامية إلى ثلاثة أقسام:

الأول: ما يتعلق بالعقائد الأساسية مثل الأحكام المتعلقة بذات اللهِ تعالى وصفاته والأيمان به وبرسله وباليوم الآخر وما فيه من حساب وجزاء.

الثاني: ما يتعلق بتهذيب النفوس وإصلاحها كالأحكام التي تبين الفضائل المختلفة مما ينبغي أن يتحلى به الإنسان مثل الصدق والأمانة والإيثار والوفاء بالعهد والشجاعة.

الثالث: ما يتعلق ببيان ما للناس من فروض وأحكام كالصلاة والزكاة والحج والصوم والبيع والهبة والإجارة والرهن والزواج والطلاق والنفقة والميراث وغيرها، وقد انفرد بهذا علم خاص يسمى علم الفقه وهو العلم بالأحكام الشرعية العملية المكتسبة من أدلتها التفصيلية. ويشمل الفقه مجموعة الأحكام العملية المشروعة في الإسلام سواء كان شرعيتها من نص صريح من القرآن الكريم أو السنة المشرفة أو من الإجماع والاستنباط من المجتهدين من النصوص والقواعد العامة[1].

موقع الأخلاق في الشريعة الإسلامية

إذا أردنا أن نحدد موقع الأخلاق في الشريعة الإسلامية فيمكننا القول أنها ليست قسماً كبيراً مستقلاً من أقسام الشريعة الإسلامية فحسب، بل أنها في جملتها تعد أحد أصول الدين الإسلامي الحنيف، بل أنها تعد أهم وأخطر أركان دين اللهِ في مختلف الشرائع وعلى مر العصور، الشرائع السماوية تتعاقب ويتم فيها النسخ والتبديل والتغيير بحيث تجيء كل شريعة مناسبة للعصر الذي نزلت على يد رسول اللهِ فيه، يقول تعالى: **(لِكُلٍّ جَعَلْنَا مِنكُمْ شِرْعَةً وَمِنْهَاجاً)** (المائدة، 48) أي جعل اللهِ تعالى لكل قوم من أهل الملل المختلفة طريقاً يسلكونه يتناسب مع حالهم وبيئتهم في

(1) الأخلاق في الإسلام، يعقوب المليجي الإسكندرية، القاهرة، مؤسسة الثقافة الجامعية، 1985، ص 1-10.

أسلوب واضح بلغتهم وطرائق استعمالهم، والمنهاج هو الطريقة التي اختصت بها كل شريعة والأسلوب الذي يتم به إبراز أحكامها.

متى بدأ علم الأخلاق الإسلامي؟

ولد علم الأخلاق الإسلامي في عصر تأثير الفلسفة اليونانية على الفكر الإسلامي وهو نفسه العصر الذي ولج فيه علم الأخلاق لدى مفكري المسلمين وعلمائهم، فلم يتمتع بنقاء المنشأ ولا بصفاء المنهج بل هالته وشابته آراء وأفكار لفلاسفة ومفكرين عاشوا قبل الإسلام بعشرات القرون، بل ونشأت مدرستان كانت كلتاهما معبراً للفلسفة اليونانية إلى الفكر العربي والإسلامي:

الأولى في الشرق اشتهر منها يعقوب الكندي وحنين بن اسحق وثابت بن قرة وفلاسفة البصرة وإخوان الصفا وأبو نصر الفارابي والرئيس ابن سينا والرازي والجرجاني.

والثانية كانت في الغرب الإسلامي وقد حمل لواءها ابن رشد الذي قام بتلخيص كتاب الأخلاق وتلخيص كتاب النفس لأرسطو[1].

تأثير الفلسفة على الفكر الإسلامي

إن أخطر ما جناه الفكر الإسلامي من تأثره في مجال علم الأخلاق بالفلسفات اليونانية وغيرها من الفلسفات الشرقية، هو انفلاته من نطاق الشريعة الإسلامية واتجاهه إلى أن يصبح أحد العلوم الوضعية، ونقطة الخطر في هذا الاتجاه تكمن في أن الأخلاق في الإسلام هي مجموعة أحكام سماوية ولا تستند إلى العقل المجرد وحده، فإن البون يبدو شاسعاً بين النوعين، لافتقار الأخلاق الوضعية إلى ركن النية في العمل الأخلاقي وهو ركن تصل أهميته وخطورته إلى حد تجريد

(1) الأخلاق في الإسلام، يعقوب المليجي، الإسكندرية، ص 10.

الأفعال الأخلاقية من كل قيمة في ميزان الشريعة الإسلامية. وهكذا نجد أن علم الأخلاق الوضعية مثله كمثل العلوم المعيارية الأخرى، لا يحمل في ذاته أحكاماً كلية عامة بل يعتمد على عوامل ذاتية توجد في نفس الفرد الذي يصدر الأحكام الخفية ولما كان الأفراد يختلون في آرائهم وتقديراتهم وتقييمهم للأمور فإن ذلك يؤدي إلى تباين الآراء الخلقية الواحدة وهكذا وجدنا اختلاف آراء المفكرين في الأخلاق الوضعية؟

أوجه الفروق بين علم الأخلاق وعلم القانون الوضعي[1]:

من حيث الموضوع: إن مجال القانون الحكم على الأعمال الظاهرة من سلوك الإنسان والتي يتم تنفيذها فعلاً أو يبدأ الشروع في هذا التنفيذ ولذلك يعاقب القانون على الجرائم.

أما الأخلاق فإن مجالها أوسع بكثير من مجال إلقائه في هذا الأمر فالأخلاق من أهم موضوعاتها الجوانب الباطنية في النفس وما يتصل منها بالشعور والضمير وتهتم الأخلاق بالنوايا والنية في الإسلام أهم من العمل نفسه، لأن العبارة فيها والمعول عليها وفي ذلك يقول صلى اللهِ عليه وسلم إنما الأعمال بالنيات وإنما لكل امرئ ما نوى".

الجزاء في القانون والأخلاق: تقترن كل قاعدة قانونية بجزاء يوقع على من يخالفها أو يخرج عليها ويتفاوت هذا الجزاء بحسب تقدير الواقعة وخطورة الفعل وآثاره وقد يكون هذا الجزاء عقوبة توقع على المخالف للقانون في بدنه كالحبس أو السجن أو الإعدام أو يعاقب في ماله بالغرامة أو المصادرة أو الاتلاف. ولكن الأمر يختلف في الأخلاق فإن كل فعل أخلاقي له ثلاثة أنواع من الجزاء.

---

(1) الأخلاق في الإسلام، يعقوب المليجي، الإسكندرية، ص 15-25.

الجزاء الأول: ينتظره المرء من اللهِ تعالى ثواباً حسناً في الدنيا والآخرة (**فَآتَاهُمُ اللَّهُ ثَوَابَ الدُّنْيَا وَحُسْنَ ثَوَابِ الآخِرَةِ**) (آل عمران، 148) ويقول تعالى: (**إِنَّ الَّذِينَ يُحِبُّونَ أَن تَشِيعَ الْفَاحِشَةُ فِي الَّذِينَ آمَنُواْ لَهُمْ عَذَابٌ أَلِيمٌ فِي الدُّنْيَا وَالآخِرَةِ وَاللَّهُ يَعْلَمُ وَأَنتُمْ لاَ تَعْلَمُونَ**) (النور، 19) .

ويقول عليه الصلاة والسلام: "يا معشر من آمن بلسانه ولم يدخل الإيمان في قلبه لا تغتابوا الناس ولا تتبعوا عوراتهم فإن من اتبع عورات أخيه المسلم تتبع اللهِ عورته ومن يتبع اللهِ عورته يفضحه ولو كان في جوف بيته".

بل إن المؤمن ليخشى أن يحرم الرزق بالذنب الذي يصيبه كما جاء بالحديث الشريف. "من سره أن يمد له في عمره ويسع له في رزقه ويدفع عنه ميتة السوء فليتق اللهِ وليصل رحمه".

والحقيقة أن المسلم يبتغي بحسن الخلق ثواب اللهِ وحسن جزائه في الآخرة أكثر مما يريده في دنياه لأن متاع الدنيا قليل وزائل أما الآخرة فثوابها وجزاؤها عظيم خالد.

الجزاء الثاني: على العمل الخلقي يجده المرء في نفسه وفي صدره ويشعر به قلبه وفؤاده ويتأثر به ضميره، طمأنينة ورضى وسكينة تعم القلب وتملأ النفس أو حيرة وقلقاً وضيقاً وحرجاً وشقاء يضيق به الصدر وتنقبض له النفس ويهلع منه القلب والفؤاد. لأن الغم والنكد إنما ينجم عن ثلاثة أمور:

1. ارتكاب الآثام وإتيان الفواحش وفعل السيئات من النوايا والأقوال والأفعال كالحسد والبغض والغيرة والزنا.
2. الذي يسبب تعاسة الإنسان هو الخوف من المستقبل والتحسب لما ينتظر المرء ولو بعد ساعات أو أيام، كالخوف من انقطاع رزق أو نقصانه والخوف من الفشل أو المرض أو الموت. وقد تجد غنياً في هم وخوف على ماله، فيشتغل بتدبيره ونمائه ويخشى على نقصانه وضياعه.

3. أما الذي يشقي الإنسان في حياته فهو الحزن والألم الذي يشعر به ويمكن إرجـاع أسباب الحزن إلى ثلاثة أسباب:

أ- بسبب الحسد الذي يصيب القلب فيجعل صاحبه دائم الحسرة والحزن.

ب- وقد يكون الحزن بلا سبب ظاهر، أو خفي، وإنما حزن ينتاب النفس دون معرفـة مصدره وهنا قد يكون الأمر عارضاً.

ت- التحسر والندم على ما فات كضياع مال أو فرار فرصـة ثمينـة أو مـوت عزيـز أو خسارة مودة وصداقة أو فقد الصحة.[1]

الجزاء الثالث: الذي يترتب على مخالفة القاعدة الخلقيـة وهـو سـخط النـاس وعـدم رضا المجتمع بل وازدرائهم لمن فسدت أخلاقه حتى ولو كـانوا مـن ذوي قرباه أو جيرانـه أو إخوانه. وهذا في الحقيقة من أكبر الكبائر وعلامة فساد المجتمع واستحقاقه النقمة والغضـب من اللهِ. ويجب التمسك بدينه ويحرص على خلقه أن يعتكف أن ابتلي بالعيش في مثل هـذا المجتمع الفاسد وليحاول أن يبذل وسعه في بـذل النصـيحة وأن يـأمر بالمعروف وينهـى عـن المنكر وهنا تبدو الحكمة فيما أمر اللهِ به تعالى من وجوب التواصي بالحق والتواصي بالصبر.

الغاية من الأخلاق:

أهم ما يميز الأخلاق اتجاهها إلى تحقيق غايات وأهداف معنويـة، فهـي تحـث الفـرد على الارتفاع بنفسه إلى ما ينبغي لها من سمو وكمال يحقق خيرها وأمنها الداخلي.

بينما يقوم القانون الوضعي على أساس تحقق قيم اجتماعية نفعية.

إن النقطة الأساسية في الأخلاق هي إنها تبين للإنسان أن قانونه وغايته هو فعل الخير دائماً مهما وقفت في طريقه من العقبات التي يسببها تعقد الحياة

---

(1) الأخلاق في الإسلام، يعقوب المليجي، الإسكندرية، ص 19-20.

الاجتماعية وتناقض المصالح والقيم والأهداف فيها، إن عمل الخير بباعث خلقي إنما هو طاعة غير محدودة ولا تقترن بالتذمر والضجر وإنما تقترن بالاستسلام لله تعالى والثبات والبسالة إذا اقتضى الحال ذلك.

ويقول اللهِ تعالى: (**لاَّ تَجِدُ قَوْماً يُؤْمِنُونَ بِاللَّهِ وَالْيَوْمِ الآخِرِ يُوَادُّونَ مَنْ حَادَّ اللَّهِ وَرَسُولَهُ وَلَوْ كَانُواْ آبَاءَهُمْ أَوْ أَبْنَاءَهُمْ أَوْ إِخْوَانَهُمْ أَوْ عَشِيرَتَهُمْ أُوْلَئِكَ كَتَبَ فِي قُلُوبِهِمُ الإِيمَانَ وَأَيَّدَهُمْ بِرُوحٍ مِّنْهُ**) (المجادلة، 22)

فالكذب والغش والخداع يشتري بها الفاسدون والضالون بعض متاع الدنيا القليل ويتناسون ما كان ينبغي لهم التمسك به من قيم الأخلاق. فالطالب قد يغش لينجح والتاجر قد يكذب ليربح والرجل قد يتغاضى عن ضياع القيم في بيته حتى لا ينهار والموظف قد يرتشي ليشبع بالمال رغباته وكل أولئك وغيرهم هم في الحقيقة قد استبدلوا المادة بالقيم المعنوية والخلقية وباعوا الخير بالشر، وآثروا المنفعة على الأخلاق. والحقيقة أن كل ذلك كله نظر فاسد، وتفكير سقيم، فالقلوب العمياء والنفوس المريضة تنظر إلى قيم ومبادئ الأخلاق على أنها قاسية ثقيلة وأنها تقف في طريق سعادة الإنسان والمجتمع ذات الغاية من الحياة ليست إلا تحقيق ما تصبو إليه النفوس في القيم المادية والمنافع الذاتية وهذا كله وهم يجر الكثيرين إلى الجري وراءه والتعلق به[1].

أهمية دراسة الأخلاق:

الخلق في الإسلام (عقيدة إلهية) نابعة من الإيمان باللهِ وطاعته في أوامره ونواهيه وابتغاء رضوانه في سائر مجالات الحياة.

والخلق الإسلامي (فطري) يتجاوب مع الفطرة السليمة ويقر كل معروف عند الناس. وينكر ما ينكرونه من ضار.

(1) الأخلاق الإسلامية، يعقوب المليجي، الإسكندرية، ص 22- 25.

والخلق الإسلامي (قيم ثابتة) لا تتغير بالأهواء والمصالح، إذ أن وراءها العقيدة الراسخة التي تحول دون العبث به وكذلك النصوص الصريحة الواضحة في كتاب اللهِ وسنة رسوله.

والخلق الإسلامي إيجابي وإلزامي، لما وراءه في القوة الوازعة التي لا يملكها أي نظام خلقي في الوجود.

والقوة الوازعة في الخلق الإسلامي (نفسية)، تمثلها خشية اللهِ وطلب رضاه في الدنيا وانشراح النفس بحبه والبعد عن معصيته، والخوف من نقمته العاجلة في الدنيا وعقابه في الآخرة. والطمع بالجنة ونعيمه المتوج بالرضا. والقوة الوازعة كذلك (قانونية) بإقامة نظام سياسي واجتماعي يضمن نفاذ الخلق قسراً، إن رفض بعض الناس الالتزام به طوعاً.

وهي كذلك (عرفية) برقابة المجتمع المنشأ على القيم الإسلامية ونقد المجتمع قاس لا يرحم وأن المسلم ليحسب له حسابه في سلوكه.

فالقوة الوازعة (بجوانبها الثلاثة) تشد في عضد الإسلام الخلقي، وتحافظ على كتابه[1].

وللأخلاق في الإسلام منزلة كبرى وأهمية عظمى نتبينها من خلال الآيات القرآنية والأحاديث النبوية، اللتان تصفان الخلق وصفاً يجعله ملازماً لكل حركات وسكنات الإنسان وملازمته للإيمان بصفة عامة وتتبدى تلك الأهمية من خلال:

1- علاقتها ببناء الشخصية الإنسانية فهي تمثل صورة الإنسان الباطنة. قال النبي صلى اللهِ عليه وسلم: "إن اللهِ لا ينظر إلى أجسامكم ولا إلى صوركم ولكن ينظر إلى قلوبكم وأعمالكم"[2].

---

(1) طرق تدريس التربية الإسلامية، د. عابد توفيق الهاشمي، ص 224-225.
(2) رواه البخاري في الفرائض (باب تعليم الفرائض، وسلم في البر والصلاة (باب التحريم الظن والتجسس).

2- من حيث ارتباط الأخلاق بالعقيدة والشريعة، قال صلى اللهِ عليه وسلم: "إن من أكمل المؤمنين إيماناً أحسنهم أخلاقاً"[1].

3- وأما عن علاقة الأخلاق ببقاء الأفراد والمجتمعات، فهي تزرع في المسلم الأمانة والاستقامة والحياء والعفة والتواضع والإخلاص وكل القيم والفضائل السامية.. قال تعالى: **(قَدْ أَفْلَحَ مَن زَكَّاهَا * وَقَدْ خَابَ مَن دَسَّاهَا)** (الشمس/ 9-10) والتزكية تعني تهذيب النفس باطناً وظاهراً والأخلاق أساس لبناء المجتمعات الإنسانية قال تعالى: **(وَالْعَصْرِ * إِنَّ الإِنسَانَ لَفِى خُسْرٍ * إِلاَّ الَّذِينَ امَنُواْ وَعَمِلُواْ الصَّالِحَاتِ وَتَوَاصَوْاْ بِالْحَقِّ وَتَوَاصَوْاْ بِالصَّبْرِ)** (العصر). وعلى هذا فالعمل الصالح من شأنه أن يبني مجتمعاً محصناً لا تنال منه عوامل التردي والسقوط. لذا فإن أخلاقنا الإسلامية تسهم في بناء مجتمع موحد بعيد عن التمزق وقد أمرنا الباري عز وجل بذلك بقوله **(وَاعْتَصِمُواْ بِحَبْلِ اللّهِ جَمِيعاً وَلاَ تَفَرَّقُواْ)** (آل عمران/ 103) وقال صلى اللهِ عليه وسلم: "مثل المؤمنين في توادهم وتراحمهم وتعاطفهم مثل الجسد إذا اشتكى منه عضو تداعى له سائر الجسد بالسهر والحمى"[2] وقال "لا يؤمن أحدكم حتى يحب لأخيه ما يحب لنفسه"[3].

أهداف دراسة الأخلاق الإسلامية:

لدراسة الأخلاق جملة أهداف منها:

1- أن ينغرس في نفس الإنسان حب اللهِ سبحانه وتعالى، لأن حب اللهِ المنبع الأول للأخلاق والسلوك القويم، ومن أحب اللهِ أصبح وازعه على كل حركة منه أو نظرة.

(1) رواه مالك في الموطأ في حسن الخلق "باب ما جاء في حسن الخلق".
(2) رواه البخاري في الأدب، "باب رحمة الناس والبهائم".
(3) المصدر السابق في باب "علامة الإيمان".

2- تربية نفس الإنسان على العزة والألفة والبعد عن السفاسف واحترام النفس ومن احترم نفسه صانها عن الشذوذ والانحراف وعمل على منع ألسنة الناس عنه.

3- تربية روح التسامح والخير والحب والصبر والتعاون مع مجتمعه وإذا ما اتصف بها هدأت نفس ورضيت وأحس بالأمان.

4- تعليمه الآداب العامة كآداب الزيارة والمحادثة وغيرها.

5- تعليمه أن الحياة لا تقوم ولا تستقيم إلا إذا جمع المسلم فيها بين ما هو روحي وبين ما هو مادي فإن لله حقاً وأن للإنسان حقاً على المسلم أن يوفق بينهما[1].

6- شرح النظام الخلقي في الإسلام وتوضيح جوانبه ليكون ميزاناً يزن به الفرد الأخلاق الوافدة من الغرب والشرق وكذلك التقاليد والعادات الفردية والاجتماعية السائدة كي يقيموا فهمه وسلوكه على ما يتفق مع الإسلام، فلا يزيغ الفرد ولا يضل.

7- تعديل السلوك الإنساني الفردي والجماعي عن طريقين:
   - الأول: الإصلاح المباشر.
   - الثاني: الإصلاح غير المباشر.

8- تبين دراسة الأخلاق الإسلامية أن الدنيا هي دار امتحان.

9- دراسة الأخلاق تكسب السعادة القلبية والاطمئنان النفسي وبعد النظر والحكمة في التصرف.

10- بيان حكمة التشريع من حلال أو حرام.

---

(1)   طرق تدريس القرآنيات والإسلاميات وإمدادها بالأهداف السلوكية، ص 146 (بتصرف).

11- دراسة الأخلاق تساعد على مزج العاطفة الإسلامية والغيرة والحمية بالأسلوب العلمي والتذكير بالمعاني الروحية بالقدر الذي لا يوحي بمجرد الوعظ والإرشاد[1].

التأثير الأخلاقي على سلوك الإنسان

نرى أن للاخلاق تأثير مهم على سلوك الإنسان، حيث أن سلوك المرء -كما هو معروف- في علم النفس وليد الصفات المستقرة داخل النفس فهناك ترابط بين نفس الإنسان وبين سلوكه، فصلاح الفعل نابع عن النفس الصالحة، فتأتي أهمية الأخلاق إذن في كونها تهذيب وتصقل النفس البشرية لما لها من معان سامية.

والأخلاق تغرس في نفس الإنسان، ولغرسها أهمية بالغة، حيث أنها تستطيع أن تغير الإنسان وأفعاله تغييراً جذرياً، فإذا ما تغير الإنسان بفعل الأخلاق الصالحة فإنها ستجعل منه فيصلاً بين الحق والباطل، فيقدم على الفعل الصالح لأنه يرجو منه الخير في الدنيا والآخرة، وينصرف عن الفعل الشرير وبذا فإن الأخلاق ستصبح ميزاناً يزن به تلك الأفعال بخيرها وشرها. ومن الطبيعي أن معرفة الأخلاق وموازينها لا تكفي إن لم تنعكس على أفعال الإنسان، إذ أن المعرفة وحدها غير مجدية ما لم يصاحبها تطبيق لها لتعكس آثارها وتظهر معانيها على الفرد والمجتمع.

والأخلاق الإسلامية ليست أخلاق ينتفع بها في الحياة فقط، وإنما ترجح لحاملها والمتحلي بها حسناته يوم القيامة وتتحقق من خلالها. جملة أمور أهمها: إن من يتحلى بها فإنه يقلد بها الرسول العظيم (صلى اللهِ عليه وسلم) إذ أننا مأمورون بتقليد الرسول صلى اللهِ عليه وسلم، فقال تعالى **(لَّقَدْ كَانَ لَكُمْ فِي رَسُولِ اللَّهِ أُسْوَةٌ حَسَنَةٌ)** (الأحزاب/ 21).

---

(1) طرق تدريس التربية الإسلامية، الهاشمي، 2 227-229 (بتصرف).

والرسول "ص" كما قالت عنه أم المؤمنين عائشة "ص" (كان خلقه القرآن)[1]، ثم إن الدين الإسلامي الحنيف ينعكس على الناس من خلال أتباعه وأفعالهم. فقال "ص" يصف المؤمنين "أكمل المؤمنين إيماناً أحسنهم أخلاقاً"[2] وقال عليه الصلاة والسلام معرفاً الدين "الدين حسن الخلق"[3].

ولقد مدح اللهِ سبحانه وتعالى، رسولنا العظيم "ص" بقوله **(وَإِنَّكَ لَعَلَى خُلُقٍ عَظِيمٍ)**[4].

إن هذه الأمثلة تعكس أهمية الأخلاق وسبب التأكيد عليها في دراستها والإلمام بها، رغم أن التربية الحديثة لم تعد تسأل عن أهمية علم من العلوم لأنها ترى أن الإنسان لا بد وأن يلم بكل العلوم، وكل العلوم لها أهميتها بطبيعة الحال، ولعل الإلمام بها وتطبيقها خير تطبيق سيخرج الناس بنتائج باهرة كما أخرجت لنا أمة قال عنها سبحانه وتعالى: **(كُنتُمْ خَيْرَ أُمَّةٍ أُخْرِجَتْ لِلنَّاسِ تَأْمُرُونَ بِالْمَعْرُوفِ وَتَنْهَوْنَ عَنِ الْمُنكَرِ وَتُؤْمِنُونَ بِاللَّهِ)**[5].

منزلة الأخلاق في الإسلام:

لبيان منزلة الأخلاق في الإسلام لا بد من استذكار:

1- إن القرآن الكريم لم يدع مناسبة إلا وذكر فيها الأخلاق وصفاتها. ولتكرار معاني الأخلاق في كتاب اللهِ العزيز وهو دستور المسلمين،

---

(1) صحيح مسلم، تحقيق عبد الباقي، ص512-513، (كتاب صلاة المسافرين).

(2) صحيح المستدرك للحاكم النيسابوري (3/1)، انظر يالجن الاتجاه الأخلاقي، (ص 49).

(3) قال الحافظ العراقي في هامش الاحياء (50/3) أخرجه المروزي في مسنده في كتاب تعظيم قدر الصلاة في رواية أبي العلاء بن الشخير مرسلا، راجع يالجن الاتجاه الأخلاقي (ص/48).

(4) القلم/4.

(5) آل عمران، 110.

دليل على عظمة الأخلاق ومنزلتها الكبيرة في الإسلام، حتى أن اللهِ سبحانه وتعالى علل نزول الرسالة لإقامة القسط بين الناس والعدل بين معاني الأخلاق **(لَقَدْ أَرْسَلْنَا رُسُلَنَا بِالْبَيِّنَاتِ وَأَنزَلْنَا مَعَهُمُ الْكِتَابَ وَالْمِيزَانَ لِيَقُومَ النَّاسُ بِالْقِسْطِ)** (الحديد: 25) وبين كذلك أن الاستقامة صفة المؤمنين. والاستقامة من معاني الأخلاق فقال **(إِنَّ الَّذِينَ قَالُواْ رَبُّنَا اللَّهِ ثُمَّ اسْتَقَامُواْ تَتَنَزَّلُ عَلَيْهِمُ الْمَلاَئِكَةُ أَلاَّ تَخَافُواْ وَلاَ تَحْزَنُواْ وَأَبْشِرُواْ بِالْجَنَّةِ الَّتِي كُنتُمْ تُوعَدُونَ)** (فصلت: 30).

2- لقد وصف الباري عز وجل نبيه الكريم بعظيم الخلق فقال: **(وَإِنَّكَ لَعَلَى خُلُقٍ عَظِيمٍ)** (القلم: 4) فحيث أن النبي الكريم صلى اللهِ عليه وسلم القريب من اللهِ قد وصف بصاحب الخلق العظيم فإن ذلك يدل على أهمية الأخلاق عند اللهِ تعالى وحيث أن رسولنا الكريم هو أسوة المسلمين فالباري عز وجل يطلب منا إذن أن نتأسى بخلق الرسول صلى اللهِ عليه وسلم[1].

3- تعليل الرسول صلى اللهِ عليه وسلم رسالته لتتميم مكارم الأخلاق. فقال صلى اللهِ عليه وسلم: "إنما بعثت لأتمم مكارم الأخلاق".

4- تعريف النبي صلى اللهِ عليه وسلم للدين بأنه (حسن الخلق) مشيراً بذلك إلى أن حسن الخلق هو ركن الدين العظيم الذي لا قيام للدين بدونه.

5- وحسن الخلق يدخل الجنة. سئل الرسول صلى اللهِ عليه وسلم عن أكثر ما يدخل الناس الجنة؟ قال: "تقوى اللهِ وحسن الخلق"، فجعل الرسول

---

(1) ومع أن الله تعالى قد وصفه بالخلق العظيم، إلا أنه صلى الله عليه وسلم كان يدعو الله أن يبلغه أعلى المراتب فيقول: "اللهم أهدني لأحسن الأخلاق فإنه لا يهدي لأحسنها إلا أنت. وأصرف عني سيئها فإنه لا يصف عني سيئها إلا أنت".

صلى اللهِ عليه وسلم حسن الخلق ملازما للتقوى. وقال صلى اللهِ عليه وسلم "ما من شيء أثقل في الميزان من حسن الخلق".

6- وأن سوء الخلق يدخل النار: قيل لرسول اللهِ صلى اللهِ عليه وسلم إن فلانة تصوم النهار وتقوم الليل وهي سيئة الخلق تؤذي جيرانها بلسانها فقال صلى اللهِ عليه وسلم: "لا خير فيها هي من أهل النار".

7- جعل النبي صلى اللهِ عليه وسلم الأخلاق مقياساً للتفاضل بين الناس فقال: "أكمل المؤمنين إيماناً أحسنهم خلقاً".

وفيما يلي أمثلة على منزلة الأخلاق في الإسلام إذ نذكر آيات قرآنية في كل سلوكية من سلوكيات المسلم لهذا الغرض ومنها:

تعليم عام:

(فَاسْئَلُواْ أَهْلَ الذِّكْرِ إِن كُنتُمْ لاَ تَعْلَمُونَ) النحل/ 43، الأنبياء، 7.

تعليم أخلاقي:

(وما كَانَ الْمُؤْمِنُونَ لِيَنفِرُواْ كَآفَّةً فَلَوْلاَ نَفَرَ مِن كُلِّ فِرْقَةٍ مِّنْهُمْ طَآئِفَةٌ لِّيَتَفَقَّهُواْ فِي الدِّينِ وَلِيُنذِرُواْ قَوْمَهُمْ إِذَا رَجَعُواْ إِلَيْهِمْ). التوبة/ 122.

جهد أخلاقي:

(فَلاَ اقْتَحَمَ الْعَقَبَةَ * وَمَا أَدْرَاكَ مَا الْعَقَبَةُ * فَكُّ رَقَبَةٍ * أَوْ إِطْعَامٌ فِي يَوْمٍ ذِي مَسْغَبَةٍ * يَتِيماً) البلد/ 11-15.

(وَالَّذِينَ جَاهَدُواْ فِينَا لَنَهْدِيَنَّهُمْ سُبُلَنَا) العنكبوت/ 69.

(وَالَّذِينَ اهْتَدَوْاْ زَادَهُمْ هُدًى وَآتَاهُمْ تَقْوَاهُمْ) محمد/17.

(فَأَمَّا مَنْ أَعْطَى وَاتَّقَى * وَصَدَّقَ بِالْحُسْنَى * فَسَنُيَسِّرُهُ لِلْيُسْرَى * وَأَمَّا مَن بَخِلَ وَاسْتَغْنَى * وَكَذَّبَ بِالْحُسْنَى * فَسَنُيَسِّرُهُ لِلْعُسْرَى) الليل/ 5-10.

(وَاللّهِ يُحِبُّ الْمُطَّهِّرِينَ) التوبة/ 108.

طهارة النفس:

(وَنَفْسٍ وَمَا سَوَّاهَا * فَأَلْهَمَهَا فُجُورَهَا وَتَقْوَاهَا * قَدْ أَفْلَحَ مَن زَكَّاهَا * وَقَدْ خَابَ مَن دَسَّاهَا) الشمس/ 7-10.

(وَاتْلُ عَلَيْهِمْ نَبَأَ إِبْرَاهِيمَ * إِذْ قَالَ..)، (وَلاَ تُخْزِنِي يَوْمَ يُبْعَثُونَ * يَوْمَ لاَ يَنفَعُ مَالٌ وَلاَ بَنُونَ * إِلاَّ مَنْ أَتَى اللَّهَ بِقَلْبٍ سَلِيمٍ) الشعراء/ 69-89.

(وَأُزْلِفَتِ الْجَنَّةُ لِلْمُتَّقِينَ غَيْرَ بَعِيدٍ * هَـذَا مَا تُوعَدُونَ لِكُلِّ أَوَّابٍ حَفِيظٍ * مَّنْ خَشِيَ الرَّحْمَنَ بِالْغَيْبِ وَجَاءَ بِقَلْبٍ مُّنِيبٍ). ق/ 31-33.

الحسد والطمع:

(أَمْ يَحْسُدُونَ النَّاسَ عَلَى مَا آتَاهُمُ اللَّهُ مِن فَضْلِهِ) النساء/ 54.

(وَلاَ تَتَمَنَّوْاْ مَا فَضَّلَ اللَّهُ بِهِ بَعْضَكُمْ عَلَى بَعْضٍ لِّلرِّجَالِ نَصِيبٌ مِّمَّا اكْتَسَبُواْ وَلِلنِّسَاءِ نَصِيبٌ مِّمَّا اكْتَسَبْنَ وَاسْأَلُواْ اللَّهَ مِن فَضْلِهِ). النساء/ 32.

الأسى على ما مضى، والفرح بما يأتي:

(لِّكَيْلاَ تَحْزَنُواْ عَلَى مَا فَاتَكُمْ وَلاَ مَا أَصَابَكُمْ) آل عمران، 153.

(لِكَيْلاَ تَأْسَوْاْ عَلَى مَا فَاتَكُمْ وَلاَ تَفْرَحُواْ بِمَا آتَاكُمْ) الحديد/ 23.

الزنا:

(وَلاَ تَقْرَبُواْ الزِّنَى إِنَّهُ كَانَ فَاحِشَةً وَسَاءَ سَبِيلاً) الإسراء/ 32.

(الزَّانِيَةُ وَالزَّانِي فَاجْلِدُوا كُلَّ وَاحِدٍ مِّنْهُمَا مِئَةَ جَلْدَةٍ) النور/ 2.

تعاطي الخمر، والخبائث:

(يَا أَيُّهَا الَّذِينَ آمَنُواْ إِنَّمَا الْخَمْرُ وَالْمَيْسِرُ وَالأَنصَابُ وَالأَزْلاَمُ رِجْسٌ مِّنْ عَمَلِ الشَّيْطَانِ فَاجْتَنِبُوهُ لَعَلَّكُمْ تُفْلِحُونَ * إِنَّمَا يُرِيدُ الشَّيْطَانُ أَن يُوقِعَ بَيْنَكُمُ الْعَدَاوَةَ وَالْبَغْضَاءَ فِي الْخَمْرِ وَالْمَيْسِرِ وَيَصُدَّكُمْ عَن ذِكْرِ اللَّهِ وَعَنِ الصَّلاَةِ فَهَلْ أَنتُم مُّنتَهُونَ) المائدة/ 90-91.

(الَّذِينَ يَتَّبِعُونَ الرَّسُولَ النَّبِيَّ الأُمِّيَّ الَّذِي يَجِدُونَهُ مَكْتُوباً عِندَهُمْ فِي التَّوْرَاةِ وَالإِنْجِيلِ يَأْمُرُهُم بِالْمَعْرُوفِ وَيَنْهَاهُمْ عَنِ الْمُنكَرِ وَيُحِلُّ لَهُمُ الطَّيِّبَاتِ وَيُحَرِّمُ عَلَيْهِمُ الْخَبَائِثَ) الأعراف/ 157.

(إِنَّمَا حَرَّمَ عَلَيْكُمُ الْمَيْتَةَ وَالدَّمَ وَلَحْمَ الْخِنزِيرِ وَمَا أُهِلَّ به لِغَيْرِ اللّهِ) البقرة/ 173.

النهي عن الأسراف في التهلكة:

(وَأَنفِقُواْ فِي سَبِيلِ اللّهِ وَلاَ تُلْقُواْ بِأَيْدِيكُمْ إِلَى التَّهْلُكَةِ وَأَحْسِنُوَاْ إِنَّ اللّهَ يُحِبُّ الْمُحْسِنِينَ) البقرة/ 195.

الكذب:

(وَاجْتَنِبُوا قَوْلَ الزُّورِ) الحج/ 30.

(إِنَّمَا يَفْتَرِي الْكَذِبَ الَّذِينَ لاَ يُؤْمِنُونَ بِآيَاتِ اللّهِ وَأُولئِكَ هُمُ الْكَاذِبُونَ) النحل/ 105.

النفاق:

(وَمِنَ النَّاسِ مَن يُعْجِبُكَ قَوْلُهُ فِي الْحَيَاةِ الدُّنْيَا وَيُشْهِدُ اللّهَ عَلَى مَا فِي قَلْبِهِ وَهُوَ أَلَدُّ الْخِصَامِ * وَإِذَا تَوَلَّى سَعَى فِي الأَرْضِ لِيُفْسِدَ فِيِهَا وَيُهْلِكَ الْحَرْثَ وَالنَّسْلَ وَاللّهُ لاَ يُحِبُّ الفَسَادَ * وَإِذَا قِيلَ لَهُ اتَّقِ اللّهَ أَخَذَتْهُ الْعِزَّةُ بِالإِثْمِ فَحَسْبُهُ جَهَنَّمُ وَلَبِئْسَ الْمِهَادُ) سورة البقرة/ 204-206.

أفعال تناقض الأقوال:

(أَتَأْمُرُونَ النَّاسَ بِالْبِرِّ وَتَنسَوْنَ أَنفُسَكُمْ وَأَنتُمْ تَتْلُونَ الْكِتَابَ أَفَلاَ تَعْقِلُونَ) البقرة/ 44.

(يَأَيُّهَا الَّذِينَ آمَنُواْ لِمَ تَقُولُونَ مَا لاَ تَفْعَلُونَ) الصف/ 2

البخل:

(وَمَن يُوقَ شُحَّ نَفْسِهِ فَأُوْلَئِكَ هُمُ الْمُفْلِحُونَ) الحشر/ 9.

(الشَّيْطَانُ يَعِدُكُمُ الْفَقْرَ وَيَأْمُرُكُم بِالْفَحْشَاءِ وَاللّهُ يَعِدُكُم مَّغْفِرَةً مِّنْهُ وَفَضْلاً) البقرة/ 268.

(إِنَّ اللّهِ لاَ يُحِبُّ مَن كَانَ مُخْتَالاً فَخُوراً * الَّذِينَ يَبْخَلُونَ وَيَأْمُرُونَ النَّاسَ بِالْبُخْلِ) النساء/ 36-37 .

الإسراف:

(وَلاَ تُبَذِّرْ تَبْذِيراً * إِنَّ الْمُبَذِّرِينَ كَانُواْ إِخْوَانَ الشَّيَاطِينِ) الإسراء/ 26-27.

الرياء:

(إِنَّ اللّهِ لاَ يُحِبُّ مَن كَانَ مُخْتَالاً فَخُوراً * الَّذِينَ يَبْخَلُونَ وَيَأْمُرُونَ النَّاسَ بِالْبُخْلِ وَيَكْتُمُونَ مَا آتَاهُمُ اللّهُ مِن فَضْلِهِ وَأَعْتَدْنَا لِلْكَافِرِينَ عَذَاباً مُّهِيناً * وَالَّذِينَ يُنفِقُونَ أَمْوَالَهُمْ رِئَـاءَ النَّاسِ) النساء/ 36-38.

(فَوَيْلٌ لِّلْمُصَلِّينَ * الَّذِينَ هُمْ عَن صَلَاتِهِمْ سَاهُونَ * الَّذِينَ هُمْ يُرَاءُونَ) الماعون/ 4-6.

الاختيال:

(وَلاَ تَمْشِ فِي الأَرْضِ مَرَحاً إِنَّ اللّهِ لاَ يُحِبُّ كُلَّ مُخْتَالٍ فَخُورٍ) لقمان/ 18.

(وَلاَ تَمْشِ فِي الأَرْضِ مَرَحاً إِنَّكَ لَن تَخْرِقَ الأَرْضَ وَلَن تَبْلُغَ الْجِبَالَ طُولاً) الإسراء/ 37.

الكبر، والعجب:

(إِنَّهُ لاَ يُحِبُّ الْمُسْتَكْبِرِينَ) النحل/ 23.

(أَلَمْ تَرَ إِلَى الَّذِينَ يُزَكُّونَ أَنفُسَهُمْ بَلِ اللّهِ يُزَكِّي مَن يَشَاءُ) النساء/ 49.

(هُوَ أَعْلَمُ بِكُمْ إِذْ أَنشَأَكُمْ مِّنَ الأَرْضِ وَإِذْ أَنتُمْ أَجِنَّةٌ فِي بُطُونِ أُمَّهَاتِكُمْ فَلاَ تُزَكُّوا أَنفُسَكُمْ) سورة النجم/ 32.

التفاخر بالقدرة والعلم:

(وَاضْرِبْ لَهُمْ مَّثَلاً رَّجُلَيْنِ جَعَلْنَا لأَحَدِهِمَا جَنَّتَيْنِ مِنْ أَعْنَابٍ وَحَفَفْنَاهُمَا بِنَخْلٍ وَجَعَلْنَا بَيْنَهُمَا زَرْعاً * كِلْتَا الْجَنَّتَيْنِ آتَتْ أُكُلَهَا وَلَمْ تَظْلِمِ مِّنْهُ شَيْئاً وَفَجَّرْنَا خِلالَهُمَا نَهَراً * وَكَانَ لَهُ ثَمَرٌ فَقَالَ لِصَاحِبِهِ وَهُوَ يُحَاوِرُهُ أَنَا أَكْثَرُ مِنكَ مَالاً وَأَعَزُّ نَفَراً * وَدَخَلَ جَنَّتَهُ وَهُوَ ظَالِمٌ لِّنَفْسِهِ قَالَ مَا أَظُنُّ أَن تَبِيدَ هَذِهِ أَبَداً * وَمَا أَظُنُّ السَّاعَةَ قَائِمَةً وَلَئِن رُّدِدتُّ إِلَى رَبِّي لأَجِدَنَّ خَيْراً مِّنْهَا مُنقَلَباً *

قَالَ لَهُ صَاحِبُهُ وَهُوَ يُحَاوِرُهُ أَكَفَرْتَ بِالَّذِي خَلَقَكَ مِن تُرَابٍ ثُمَّ مِن نُّطْفَةٍ ثُمَّ سَوَّاكَ رَجُلاً * لَّكِنَّا هُوَ اللَّهُ رَبِّي وَلاَ أُشْرِكُ بِرَبِّي أَحَداً* وَلَوْلاَ إِذْ دَخَلْتَ جَنَّتَكَ قُلْتَ مَا شَاءَ اللَّهُ لاَ قُوَّةَ إِلاَّ بِاللَّهِ إِن تَرَنِ أَنَاْ أَقَلَّ مِنكَ مَالاً وَوَلَداً * فعسَى رَبِّي أَن يُؤْتِيَنِ خَيْراً مِّن جَنَّتِكَ وَيُرْسِلَ عَلَيْهَا حُسْبَاناً مِّنَ السَّمَاءِ فَتُصْبِحَ صَعِيداً زَلَقاً * أَوْ يُصْبِحَ مَاؤُهَا غَوْراً فَلَن تَسْتَطِيعَ لَهُ طَلَباً * وَأُحِيطَ بِثَمَرِهِ فَأَصْبَحَ يُقَلِّبُ كَفَّيْهِ عَلَى مَا أَنْفَقَ فِيهَا وَهِيَ خَاوِيَةٌ عَلَى عُرُوشِهَا وَيَقُولُ يَلَيْتَنِي لَمْ أُشْرِكْ بِرَبِّي أَحَداً) سورة الكهف/ 32-42.

(قَالَ إِنَّمَا أُوتِيتُهُ عَلَى عِلْمٍ عِندِي أَوَلَمْ يَعْلَمْ أَنَّ اللَّهِ قَدْ أَهْلَكَ مِن قَبْلِهِ مِنَ الْقُرُونِ مَنْ هُوَ أَشَدُّ مِنْهُ قُوَّةً وَأَكْثَرُ جَمْعاً) القصص/ 78.

(فَلَمَّا جَاءَتْهُمْ رُسُلُهُم بِالْبَيِّنَاتِ فَرِحُواْ بِمَا عِندَهُمْ مِّنَ الْعِلْمِ وَحَاقَ بِهِم مَّا كَانُواْ بِهِ يَسْتَهْزِئُونَ) غافر/ 83.

التعلق بالدنيا:

(وَاصْبِرْ نَفْسَكَ مَعَ الَّذِينَ يَدْعُونَ رَبَّهُم بِالْغَدَاةِ وَالْعَشِيِّ يُرِيدُونَ وَجْهَهُ وَلاَ تَعْدُ عَيْنَاكَ عَنْهُمْ تُرِيدُ زِينَةَ الْحَيَاةِ الدُّنْيَا) الكهف/ 28.

(وَلاَ تَمُدَّنَّ عَيْنَيْكَ إِلَى مَا مَتَّعْنَا بِهِ أَزْوَاجاً مِّنْهُمْ زَهْرَةَ الْحَيَاةِ الدُّنْيَا لِنَفْتِنَهُمْ فِيهِ وَرِزْقُ رَبِّكَ خَيْرٌ وَأَبْقَى) طه/ 131.

كل وسخ (أخلاقي أو مادي)

(وَاللَّهِ يُحِبُّ الْمُطَّهِّرِينَ) التوبة/ 108.

(وَثِيَابَكَ فَطَهِّرْ * وَالرُّجْزَ فَاهْجُرْ) المدثر/ 4-5

تعاطي الكسب الخبيث:

(يَا أَيُّهَا الَّذِينَ آمَنُواْ لاَ تَأْكُلُواْ أَمْوَالَكُمْ بَيْنَكُمْ بِالْبَاطِلِ إِلاَّ أَن تَكُونَ تِجَارَةً عَن تَرَاضٍ مِّنكُمْ) النساء/ 29.

(ولاَ تَأْكُلُواْ أَمْوَالَكُمْ بَيْنَكُمْ بِالْبَاطِلِ وَتُدْلُواْ بِهَا إِلَى الْحُكَّامِ لِتَأْكُلُواْ فَرِيقاً مِّنْ أَمْوَالِ النَّاسِ بِالإِثْمِ وَأَنْتُمْ تَعْلَمُونَ) البقرة/ 188

(الَّذِينَ يَأْكُلُونَ الرِّبَا لاَ يَقُومُونَ إِلاَّ كَمَا يَقُومُ الَّذِي يَتَخَبَّطُهُ الشَّيْطَانُ مِنَ الْمَسِّ ذَلِكَ بِأَنَّهُمْ قَالُواْ إِنَّمَا الْبَيْعُ مِثْلُ الرِّبَا وَأَحَلَّ اللّهُ الْبَيْعَ وَحَرَّمَ الرِّبَا فَمَن جَاءهُ مَوْعِظَةٌ مِّن رَّبِّهِ فَانتَهَىَ فَلَهُ مَا سَلَفَ وَأَمْرُهُ إِلَى اللّهِ وَمَنْ عَادَ فَأُوْلَـئِكَ أَصْحَابُ النَّارِ هُمْ فِيهَا خَالِدُونَ * يَمْحَقُ اللّهُ الْرِّبَا وَيُرْبِي الصَّدَقَاتِ) البقرة/ 275-276.

(وَمَن كَانَ غَنِيّاً فَلْيَسْتَعْفِفْ وَمَن كَانَ فَقِيراً فَلْيَأْكُلْ بِالْمَعْرُوفِ) النساء/6

(إِنَّ الَّذِينَ يَأْكُلُونَ أَمْوَالَ الْيَتَامَى ظُلْماً إِنَّمَا يَأْكُلُونَ فِي بُطُونِهِمْ نَاراً وَسَيَصْلَوْنَ سَعِيراً) النساء/ 10

(إِنَّ الَّذِينَ يَكْتُمُونَ مَا أَنزَلَ اللّهُ مِنَ الْكِتَابِ وَيَشْتَرُونَ بِهِ ثَمَناً قَلِيلاً أُولَـئِكَ مَا يَأْكُلُونَ فِي بُطُونِهِمْ إِلاَّ النَّارَ وَلاَ يُكَلِّمُهُمُ اللّهُ يَوْمَ الْقِيَامَةِ وَلاَ يُزَكِّيهِمْ وَلَهُمْ عَذَابٌ أَلِيمٌ) البقرة/ 174.

(وَلاَ تُكْرِهُواْ فَتَيَاتِكُمْ عَلَى الْبِغَاءِ إِنْ أَرَدْنَ تَحَصُّناً لِّتَبْتَغُواْ عَرَضَ الْحَيَاةِ الدُّنْيَا) النور/ 33.

(وَلاَ تُؤْتُواْ السُّفَهَاء أَمْوَالَكُمُ الَّتِي جَعَلَ اللّهُ لَكُمْ قِيَاماً) النساء/ 5.

مصادر الأخلاق في الإسلام

المصادر والأصول: إن مصادر علم الأخلاق في الإسلام ترجع إلى أربعة مصادر هي:

أولا: القرآن الكريم وفيه الكثير من الآيات التي تأمر بمكارم الأخلاق وتدعو إلى التمسك بالقيم الخلقية العظيمة مثل الصبر وكظم الغيظ وبر الوالدين والإحسان وترك التجسس والغيبة والنميمة والشح والبخل والنفاق والرياء والكذب والاحتيال والفخر والغرور.

ثانياً: السنة الشريفة وقد جاءت السنة الشريفة تحمل كل ما يتعلق بجوانب الحياة الإنسانية بالنسبة للفرد والأسرة والمجتمع والعلاقات التي يمكن أن تقوم بين الأفراد في داخل المجتمع وبين المجتمع الإسلامي والمجتمعات الأخرى غير الإسلامية. وتعد السنة التقريرية مصدراً للأخلاق كذلك وهي ما أقره النبي عليه

الصلاة والسلام من أفعال وأقوال وإقرار، ومن ذلك ما رواه ابن عمر رضي اللَّهِ عنهما أن رسول اللَّهِ صلى اللَّهِ عليه وسلم "مر على رجل من الأنصار وهو يعظ أخاه في الحياء فقال رسول اللَّهِ صلى اللَّهِ عليه وسلم" دعه فإن الحياء من الإيمان[1].

ثالثا: أخلاق الصحابة: والمصدر الثالث للأخلاق في الإسلام هو أفعال الصحابة وأخلاقهم، لقول الرسول اللَّهِ عليه وسلم "إنه من يعش منكم فسيرى اختلافاً كثيراً فعليكم بسنتي وسنة الخلفاء الراشدين المهديين عضوا عليها بالنواجذ وإياكم ومحدثات الأمور فإن كل محدثة ضلالة.

رابعاً: العادات والتقاليد: هو المصدر الرابع للأخلاق المسلمين في الصالح من أعراف المسلمين وعاداتهم وتقاليدهم التي يتوارثونها جيلاً بعد جيل[2].

أهداف القرآن الكريم من التربية الأخلاقية

وبعد أن استعرضنا بعضاً من آيات القرآن الكريم في التوجيهات السلوكية الأخلاقية يبقى أن نذكر أن أهداف الكتاب العزيز من هذه التوجيهات.

فالتربية الأخلاقية في القرآن الكريم جزء من دعوة القرآن التربوية الشاملة وإن كانت الأخلاق بطبيعة الحال هي أهم الأنظمة الإسلامية، لأن كل الأنظمة الاجتماعية والاقتصادية والسياسية ترتبط بشكل أو بآخر بالأخلاق، بل ويكون النظام الأخلاقي جوهرها والركن الأساسي فيها.

ويمكن تلخيص الأهداف الأخلاقية التي جاء بها القرآن الكريم بما يأتي:

1- تعريف الإنسان الفرد بمكانته بين الخليقة وبمسؤولياته الفردية في هذه الحياة.

---

(1) متفق عليه.

(2) الأخلاق في الإسلام، يعقوب المليجي، ص 28-30.

2- تعريف الإنسان بعلاقاته الاجتماعية وبمسؤولياته ضمن نظام اجتماعي إنساني.

3- تعريف الإنسان بالخليقة (الطبيعة) وحمله على إدراك حكمة الخالق في إبداعها وتمكينه من استثمارها.

4- تعريف الإنسان بخالق الطبيعة وحثه على عبادته[1].

ويمكن اعتبار الأهداف الثلاثة الأولى مؤدية إلى الهدف الرابع، إذ أن الخالق سبحانه وتعالى يقول: (**وَمَا خَلَقْتُ الْجِنَّ وَالإِنسَ إِلاَّ لِيَعْبُدُونِ**) (الذاريات: 56)

ولقد عني القرآن الكريم (بالاخلاق) عناية فائقة بينت مكانتها لغرض صقل النفس البشرية فإنه:

أ- إن من أهداف التربية القرآنية الأخلاقية كما رأينا بناء أخلاق سليمة في الأفراد ليكونوا مجتمعاً تسوده تقوى اللهِ وما يتبع ذلك من عدل اجتماعي، مجتمعاً يسوده نظام مؤسس على الحب والرحمة والفضيلة وحب الخير وعلى التسامح والأخوة.

ب- يدعو إلى إلزام الأمة بتعميم لمبادئه "الخلقية ونشرها بالطرق والوسائل الشرعية التربوية المحمودة، ذلك لقوله تعالى: (**وَلْتَكُن مِّنكُمْ أُمَّةٌ يَدْعُونَ إِلَى الْخَيْرِ وَيَأْمُرُونَ بِالْمَعْرُوفِ وَيَنْهَوْنَ عَنِ الْمُنكَرِ وَأُوْلَـئِكَ هُمُ الْمُفْلِحُونَ**)[2].

وأمرهم أن تكون دعوتهم بالحكمة والموعظة الحسنة وبطريقة الإقناع فقال سبحانه وتعالى: (**ادْعُ إِلِى سَبِيلِ رَبِّكَ بِالْحِكْمَةِ وَالْمَوْعِظَةِ الْحَسَنَةِ وَجَادِلْهُم بِالَّتِي هِيَ أَحْسَنُ إِنَّ رَبَّكَ هُوَ أَعْلَمُ بِمَن ضَلَّ عَن سَبِيلِهِ وَهُوَ أَعْلَمُ بِالْمُهْتَدِينَ**)[3].

(1) الجمالي، تربية الإنسان الجديد، ص 96.

(2) آل عمران، 104 .

(3) النحل ، 125 .

ج- بتكوين صحبة صالحة أو عشراء ذوي أخلاق حميدة فاضلة وسجايا طيبة، وتكوين قدوة صالحة أمام الطفل لتمكينه من استيعاب الخلق الإسلامي. قال تعالى: (**أُولَـٰئِكَ الَّذِينَ هَدَى اللَّهُ فَبِهُدَاهُمُ اقْتَدِهْ**)[1]. وجعل من شخص الرسول القدوة الأولى للناس فقال: (**لَّقَدْ كَانَ لَكُمْ فِي رَسُولِ اللَّهِ أُسْوَةٌ حَسَنَةٌ**)[2].

ولما كان للقدرة من أهمية فلا يكفي أن يكون المربي والقائد قدوة فقط بل لا بد وأن يكون المجتمع كله قدوة صالحة فلا يظهر فيه ما ينافي الأخلاق. وتطبيق التشريعات والقوانين الملزمة لذلك، حيث أن القوانين تحمي التربية وتعززها وتقف وراء المربين وتساعدهم في تحقيق غاياتهم السامية. فالإسلام:

أولاً: قرر إقامة مجتمع نظيف طاهر،وذلك لا يتأتى إلا بوجود أسر نظيفة طاهرة، ومجتمع طاهر.

ثانياً: منع ظواهر الفساد كما أشرنا إليها سابقاً.

ثالثاً: بدعوته لمقاتلة المفسدين وإبعادهم عن المجتمع.

---

(1) الانعام، 90 .

(2) الاحزاب، 21 .

الوحدة الثالثة

خصائص الاخلاق الإسلامية

الأخلاق الإسلامية وصلتها بالعقيدة الإسلامية

هيمنة الأخلاق الإسلامية على سلوك الإنسان

الاخلاق الإسلامية تمتلك الوسائل والغايات والضمانات لتطبيقه

الأخلاق الإسلامية نظام تفصيلي

الأخلاق الإسلامية نظام شامل

سريان الأخلاق الإسلامية في الوسائل والغايات

ارتباط الأخلاق الإسلامية بالجزاء

في هذه الوحدة سنتناول:

خصائص الأخلاق الإسلامية من حيث صلته بالعقيدة فنبين فيه أن الأخلاق الإسلامية تسيطر على سلوك الإنسان وأنه يمتلك الوسائل والغايات والضمانات لتطبيقه. حيث تتعذر بعض جوانب التطبيق في النظام الأخلاقي الوضعي نسبة إلى الزمن أو المكان والأخلاق الإسلامية نظام تفصيلي وشامل ويسري في الوسائل والغايات. ويرتبط ارتباطاً كاملاً بالجزاء الدنيوي والأخروي. وسنذكر الكثير من الأمثلة القرآنية التي ستعزز هذه الخصائص.

للأخلاق الإسلامية مميزاتها كما هي الحال مع كل نظام ومن تلك المميزات أو الخصائص:

1-الأخلاق الإسلامية وصلتها بالعقيدة الإسلامية:

حيث قد جعل الإسلام وجود صفات خلقية تؤثر تأثيراً بالغاً في الإيمان. وقد بين القرآن الكريم والسنة النبوية الترابط ما بين الخصال الخلقية وبين الإيمان وتقوى اللهِ تعالى رغبة من الإسلام في أن تسود الأخلاق المجتمع الإسلامي ومن تلك الآيات: قال تعالى: (**إِنَّمَا يَفْتَرِي الْكَذِبَ الَّذِينَ لاَ يُؤْمِنُونَ**) (النحل: 105).

(**فَأَتِمُّواْ إِلَيْهِمْ عَهْدَهُمْ إِلَى مُدَّتِهِمْ إِنَّ اللّهَ يُحِبُّ الْمُتَّقِينَ**) (التوبة: 4).

(**إِنَّ الْمُنَافِقِينَ فِي الدَّرْكِ الأَسْفَلِ مِنَ النَّارِ وَلَن تَجِدَ لَهُمْ نَصِيراً**) (النساء: 145).

وقال الرسول صلى اللهِ عليه وسلم: "لا إيمان لمن لا أمانة له ولا دين لمن لا عهد له" وقال: "واللهِ لا يؤمن واللهِ لا يؤمن واللهِ لا يؤمن.. قيل يا رسول اللهِ لقد خاب وخسر... من هذا؟ قال: من لا يأمن جاره بوائقه. قالوا وما بوائقه؟ قال: شره".

هيمنة الأخلاق الإسلامية على سلوك الإنسان:

فالأخلاق مهيمنة على جميع أفعال المسلم وأقواله وعلاقاته في كل ميادين الحياة المختلفة فنظام الأخلاق نظام تفصيلي. فلم يأت النظام الأخلاقي مجملاً وإنما جاء مفصلاً فما جاء فيه مجملاً في أساسياته، تركه الشرع لاجتهاد الفقهاء ليفصلوا في فروعه وجزئياته وذلك لكي يحقق مصالح العباد في كل عصر وزمان. والحكمة في تفصيل النظام الأخلاقي أن يلزم الناس بكل دقائقه وتفاصيله بحيث تهيمن على كل أفعالهم وقطع الأهواء والفلسفات التي تحاول أن تحدد مفاهيم الأخلاق، ومما جاء في هذا الباب قوله تعالى: (**وَتَعَاوَنُواْ عَلَى الْبرِّ وَالتَّقْوَى وَلاَ تَعَاوَنُواْ عَلَى الإِثْمِ**

وَالْعُدْوَانِ) (المائدة: 2) وقال: **(وَأْمُرْ بِالْمَعْرُوفِ وَانْهَ عَنِ الْمُنْكَرِ)** (لقمان: 17)، وقد فصل الباري عز وجل في كتابه الكريم أعمال البر والتقوى والمعروف ويمكن الرجوع إلى ذلك في فصلت (30)، وفي هود (112)، حيث أمرنا بالاستقامة وأمرنا بطهارة النفس وتزكيتها في الشمس (9 و10) وكذلك في الشعراء (89) والوفاء بالعهد والعقود في الإسراء (34)، والتوبة (4) والمائدة (1) وفي غض البصر والاحتشام في النور (30 و33) وفي الصدق والقول السديد في التوبة (3)، والأحزاب (70) وفي اللين والتواضع وخفض الصوت في لقمان (19) والحجر (88) وفي كظم الغيظ والتسامح والحلم في آل عمران (134) والشورى (37) والثبات والصبر في آل عمران (186) وآل عمان (200) وآل عمان (186) والبقرة (177) وفي العدل في الأنعام (152) والمائدة (8) وفي التعاون على البر والتقوى في المائدة (2) وفي البر بالوالدين في الإسراء (23 و24) والنساء (58) والبقرة (283) وفي الإخاء وإصلاح ذات البين في الحجرات (10) والأنفال (1) والنساء (114) وفي التراحم بين المؤمنين وعدم التذلل للكافرين في الفتح (29) والمائدة (54) وفي الإحسان في البقرة (215) والنساء (36) والبقرة (220) وفي دفع السيئة بالحسنة في فصلت (34) وفي الإيثار في الحشر (9) وفي تحرير الإرادة من الأهواء في الحشر (9) وفي الكرم والعطاء في الطلاق (7) والنازعات (40) وفي الأعراض عن اللغو ومجالس السوء في الفرقان (63) والمؤمنون (3) وغيرها كثير.

وقد نهى الباري عز وجل عن الكذب وقول الزور في النحل (105) والحج (30) وعن النفاق في البقرة (204-206) وفي البخر وكنز الأموال في النساء (37) وآل عمان (180) والتوبة 34-35 وعن الإسراف في الإسراء (26-27)، وعن الرياء في البقر ة (264)، وفي النساء (34)، وعن الاختيال في لقمان (18)، والإسراء (37) وعن الكبر والعجب بالنفس في النحل (23) والنساء (49) وعن الحسد والطمع في النساء (54) وعن خيانة الأمانة في الأنفال (27) وعن الظلم في

الفرقان (19) وطه (111) وغافر (18) وعن سوء معاملة اليتيم والفقير في الضحى (8-9) وعن كل كلام خبيث في إبراهيم (26) وغير ذلك كثير أيضاً.

وأمرنا الرسول صلى اللهِ عليه وسلم في سنته الشريفة بأداء الأمانة والصدق والاستقامة وتحريم الظلم والتواضع والعفو وتحريم الكبر والإعجاب بالنفس وفي الحلم والأناة والرفق وفي الحياء والوفاء بالعهد وأداء الأمانة والتعامل بالكلمة الطيبة وفي النهي عن التجسس والحسد والبغضاء وقول الفاحشة وأمرنا بالتواد ومعاملة الناس بالحسنى والصبر والتعفف والرحمة وغيرها من تلك المعاني التي يجدها أي باحث في كتب الحديث والصحاح.

تهيمن الأخلاق الإسلامية على كل أفعال الإنسان، فهي تغطي علاقات الإنسان بنفسه وعلاقاته بغيره سواء أكان هذا الغير الأسرة أو المجتمع أو الدولة، وكذلك علاقة الدولة بالمجتمع الدولي. فدعا الإسلام إلى أن تسود معاني الأخلاق الإسلامية تظهر خصالها على الفرد كمعاني الصدق في القول ووفاء العقود والعهود والأمانة والإخلاص والمحبة والإيثار إلى غير ذلك مما رأيناه في القرآن والسنة. وفي جانب علاقته بالأسرة دعا الإسلام إلى أن تسود قيم الأخلاق في علاقات الزوجين أو الأب بالأبناء والعكس وعلاقات الفرد بذوي الأرحام والقربى. كذلك تظهر قيم الأخلاق إلى أن تسري في علاقة الفرد بمجتمعه في كل أنواع التعامل سواء في الالتزام بالأخلاق والمعاقبة على مخالفتها وفي العقود ومختلف التصرفات كالتصرفات الجنائية في تحريم الزنا والمعاقبة عليه كما شرعه الخالق وفي تحريم القذف وكل الحدود الأخرى حيث مبنى العقوبة فيها وأساسه أخلاقي.

كذلك تسري هذه القيم الأخلاقية في كل تشريعات الإسلام في العقود والأسرة والقضاء ومعاملة الذميين والمستأمنين وفي تشريعات الجريمة وجريمة الحكم والجهاد وعلاقة دار الإسلام بمجتمع البشر الآخر.

الأخلاق الإسلامية تمتلك الوسائل والضمانات لتطبيقه:

فالنظام الأخلاقي في الإسلام يمتلك الوسائل والضمانات لتطبيقه لأمرين هامين هما:

الأول: إعطاء الأخلاق صفة القانون المقترن بالجزاء:

فهناك جزاء دنيوي على الخروج على معاني الأخلاق يتمثل بالعقوبات الشرعية والتعزير لغرض التأديب وإدانة من يقترف المعاصي التي لا حد فيها كعقوق الوالدين وبذاءة اللسان والغادرين بالعهود ومتعاطي الكذب والمؤذين لجارهم.

كما أن هناك جزاء آخر للذين أحسنوا في الدنيا والذين أساءوا، في الآخرة. وبهذين الجزائين الدنيوي والأخروي يضمن الإسلام ما شرعه في ميدان الأخلاق ديناً واجب الأتباع وقانوناً ملزماً للجميع يمكن للأخلاق من السيادة لتأخذ طريقها في المجتمع من مثل وقيم إلى تطبيق وعمل.

الثاني: وسائل اكتساب الأخلاق: يمتلك نظام الأخلاق في الإسلام وسائله التي تحقق اكتساب الأخلاق وتقويمها وتمكن للأخلاق من السيادة في المجتمع وتحولها من النظرية إلى التطبيق حيث أن للأخلاق في الإسلام قابلية لاكتساب التقويم، فيمكن اكتساب الجيد منها والتحلي بها كما يمكن نبذ الرديئة منها والتخلي عنها.

قال تعالى: (وَنَفْسٍ وَمَا سَوَّاهَا * فَأَلْهَمَهَا فُجُورَهَا وَتَقْوَاهَا * قَدْ أَفْلَحَ مَن زَكَّاهَا * وَقَدْ خَابَ مَن دَسَّاهَا). (الشمس، 7-10).

خصائص الأخلاق الإسلامية في القرآن الكريم

الأخلاق الإسلامية نظام تفصيلي شامل:

إن النظام الأخلاقي في القرآن الكريم يتميز بجملة أمور عن غيره من الأنظمة الأخلاقية، إذ أنه نظام متكامل، بغض النظر عن علاقته بجملة الأنظمة الأخرى الاجتماعية والاقتصادية والسياسية وغيرها مما يرتبط معها ارتباطاً جذرياً عميقاً.

ويتميز النظام الأخلاقي القرآني بتفصيل الاخلاق وشمولها وكذلك في لزوم الأخلاق في الوسائل والغايات وارتباط الأخلاق بالإيمان باللهِ سبحانه وتعالى وبما يستلزمه ذلك الإيمان وكذلك بعلاقته بالجزاء.

والكلام في خصائص النظام القرآني ليس من باب المغالاة، بل هو حقيقة نظراً لتوسع النظرة القرآنية إلى الأخلاق وربطها بكل مظهر من مظاهر الحياة. وهذه ميزة تميز الديانة الإسلامية عن غيرها فإن المتتبع لموضوع الأخلاق يجد الأخلاقيين قد صبوا اهتمامهم على جانب معين من جوانب علم الأخلاق ولا يتعمقون بالجوانب الأخلاقية الأخرى كما فعل القرآن الكريم، وسنرى ذلك في كل باب من الأبواب التي نلجها في الحديث عن كل خاصية من خصائصه، فالخاصية الأولى المهمة هي:

تفصيل الأخلاق:

إن من يدرس تعاليم الأخلاق القرآنية يجد نوعين من التوجيهات الأخلاقية، الأولى منها دعوته العامة، وذلك بأن يوجه التعليمات تلك إلى بني الإنسان دون تخصيص كقوله تعالى: **(وَقُل لِّعِبَادِي يَقُولُواْ الَّتِي هِيَ أَحْسَنُ إِنَّ الشَّيْطَانَ يَنزَغُ بَيْنَهُمْ إِنَّ الشَّيْطَانَ كَانَ لِلإِنْسَانِ عَدُوّاً مُّبِيناً)**[1]. فقول التي هي أحسن إن هي إلا دعوة عامة ومخاطبة للإنسانية جمعاء كذلك قوله تعالى: **(وَيَنْهَى عَنِ الْفَحْشَاءِ وَالْمُنكَرِ وَالْبَغْيِ يَعِظُكُمْ**

(1) الإسراء، 53.

لَعَلَّكُمْ تَذَكَّرُونَ)[1] فالنهي عن المنكر والابتعاد عن الفحش والرذيلة هي دعوة عامة أيضاً.

أما النوع الثاني من التوجيهات فهو تفصيل التعليمات العامة تلك والتي تتضمن الدعوة إلى التحلي بالأخلاق الإسلامية الرفيعة والابتعاد عن كل خلق رديء والحكمة في هذا البيان المفصل هو توضيح معاني الأخلاق وتحديدها لئلا يختلف الناس فيها وتتدخل الأهواء في تحديد المراد منها[2].

ويمكننا أن نضرب بعض الأمثلة في تفصيل الأخلاق القرآنية (والتي سبق أن أشرنا إلى بعضها في فصل النماذج الأخلاقية القرآنية).

1.الوفاء بالعهد:

قال تعالى: (**وَأَوْفُواْ بِالْعَهْدِ إِنَّ الْعَهْدَ كَانَ مَسْؤُولاً**)[3].

2.نهي الإنسان عن قول ما لا علم به:

قال تعالى: (**وَلاَ تَقْفُ مَا لَيْسَ لَكَ بِهِ عِلْمٌ إِنَّ السَّمْعَ وَالْبَصَرَ وَالْفُؤَادَ كُلُّ أُولئِكَ كَانَ عَنْهُ مَسْؤُولاً**)[4].

3. النهي عن التبختر:

قال تعالى: (**وَلاَ تَمْشِ فِي الأَرْضِ مَرَحاً إِنَّكَ لَن تَخْرِقَ الأَرْضَ وَلَن تَبْلُغَ الْجِبَالَ طُولاً**)[5].

وقال تعالى: (**وَلاَ تُصَعِّرْ خَدَّكَ لِلنَّاسِ وَلاَ تَمْشِ فِي الأَرْضِ مَرَحاً إِنَّ اللَّهِ لاَ يُحِبُّ كُلَّ مُخْتَالٍ فَخُورٍ**)[6].

---

(1) النحل، 90.

(2) زيدان، أصول الدعوة، 85-86.

(3) الإسراء، 34.

(4) الإسراء، 36.

(5) الإسراء، 37.

(6) لقمان، 18.

4. النهي عن الإسراف والتبذير والبخل:

قال تعالى: (**وَآتِ ذَا الْقُرْبَى حَقَّهُ وَالْمِسْكِينَ وَابْنَ السَّبِيلِ وَلاَ تُبَذِّرْ تَبْذِيراً * إِنَّ الْمُبَذِّرِينَ كَانُواْ إِخْوَانَ الشَّيَاطِينِ وَكَانَ الشَّيْطَانُ لِرَبِّهِ كَفُوراً**)[1].

5. الأمر بالمعروف والنهي عن المنكر:

قال تعالى: (**وَتَعَاوَنُواْ عَلَى الْبرِّ وَالتَّقْوَى وَلاَ تَعَاوَنُواْ عَلَى الإِثْمِ وَالْعُدْوَانِ**)[2].

وقال تعالى: (**خُذِ الْعَفْوَ وَأْمُرْ بِالْعُرْفِ وَأَعْرِضْ عَنِ الْجَاهِلِينَ**)[3].

6. النهي عن تعدي حدود اللَّهِ:

قال تعالى: (**تِلْكَ حُدُودُ اللّهِ فَلاَ تَعْتَدُوهَا وَمَن يَتَعَدَّ حُدُودَ اللّهِ فَأُوْلَـئِكَ هُمُ الظَّالِمُونَ**)[4].

7. الأمر بالصبر:

قال تعالى: (**وَاصْبِرْ فَإِنَّ اللّهَ لاَ يُضِيعُ أَجْرَ الْمُحْسِنِينَ**)[5].

وقال تعالى: (**يَا أَيُّهَا الَّذِينَ آمَنُواْ اصْبِرُواْ وَصَابِرُواْ وَرَابِطُواْ وَاتَّقُواْ اللّهَ لَعَلَّكُمْ تُفْلِحُونَ**)[6].

8. النهي عن المراءاة:

قال تعالى: (**وَالَّذِينَ يُنفِقُونَ أَمْوَالَهُمْ رِئَـاءَ النَّاسِ وَلاَ يُؤْمِنُونَ بِاللّهِ وَلاَ بِالْيَوْمِ الآخِرِ وَمَن يَكُنِ الشَّيْطَانُ لَهُ قَرِيناً فَسَاءَ قِرِيناً**)[7].

---

(1) الإسراء، 26-27.
(2) المائدة، 2.
(3) الأعراف، 199.
(4) البقرة، 229.
(5) هود، 115.
(6) آل عمران، 200.
(7) النساء، 38.

9. الأمر بالاستقامة:

قال تعالى: (**إِنَّ الَّذِينَ قَالُواْ رَبُّنَا اللَّهِ ثُمَّ اسْتَقَامُواْ تَتَنَزَّلُ عَلَيْهِمُ الْمَلاَئِكَةُ أَلاَّ تَخَافُواْ وَلاَ تَحْزَنُواْ وَأَبْشِرُواْ بِالْجَنَّةِ الَّتِي كُنتُمْ تُوعَدُونَ**)[1].

10. النهي عن الحقد:

قال تعالى: (**وَلاَ تَجْعَلْ فِي قُلُوبِنَا غِلاًّ لِّلَّذِينَ امَنُواْ رَبَّنَا إِنَّكَ رَءُوفٌ رَّحِيمٌ**)[2].

11.النهي عن السخرية والاستهزاء بالآخرين:

قال تعالى: (**يَأَيُّهَا الَّذِينَ امَنُواْ لاَ يَسْخَرْ قَوْمٌ مِّن قَوْمٍ عَسَى أَن يَكُونُواْ خَيْراً مِّنْهُمْ وَلاَ نِسَاءٌ مِّن نِّسَاءٍ عَسَى أَن يَكُنَّ خَيْراً مِّنْهُنَّ وَلاَ تَلْمِزُواْ أَنفُسَكُمْ وَلاَ تَنَابَزُواْ بِالأَلْقَابِ**)[3].

12. النهي عن اغتياب الآخرين:

قال تعالى: (**يَأَيُّهَا الَّذِينَ امَنُواْ اجْتَنِبُواْ كَثِيراً مِّنَ الظَّنِّ إِنَّ بَعْضَ الظَّنِّ إِثْمٌ وَلاَ تَجَسَّسُواْ وَلاَ يَغْتَب بَّعْضُكُم بَعْضاً أَيُحِبُّ أَحَدُكُمْ أَن يَأْكُلَ لَحْمَ أَخِيهِ مَيْتاً فَكَرِهْتُمُوهُ وَاتَّقُواْ اللَّهِ إِنَّ اللَّهِ تَوَّابٌ رَّحِيمٌ**)[4].

هذا وإن هناك أمثلة أخرى عديدة في الاوامر والنواهي الخلقية كما قد ذكرناها في أكثر من مكان تلك التي يبين اللهِ سبحانه وتعالى أهميتها وضرورة التحلي بها، مثل كظم الغيظ العفو عند المقدرة والإنفاق في السراء والضراء والإعراض عن اللغو والتزكي والابتعاد عن الرذائل الخلقية كالزنا والكذب.

(1) فصلت، 30.

(2) الحشر، 10.

(3) الحجرات، 11.

(4) الحجرات، 12.

الأخلاق الإسلامية نظام شامل:

الشمول خصيصة مهمة أخرى من خصائص النظام الأخلاقي حيث أن موضوع الأخلاق يشمل كل أفعال المرء سواء منها المتعلقة بنفسه أم بغيره أي بمعنى آخر الأفعال المتعلقة بشخصية أو بفرد آخر أو جماعة أو دولة أو غير ذلك ويتعدى النظام الأخلاقي القرآني الفرد والجماعة لينظم علاقة الدولة الإسلامية بالدول الأخرى.

ويجعل القرآن الكريم التزام الجانب الخلقي من أهم الجوانب في العلاقات الدولية فقال تعالى: ﴿**وَأَوْفُواْ بِعَهْدِ اللَّهِ إِذَا عَاهَدتُّمْ**﴾[1].

ولا شك في أن اللَّهِ سبحانه وتعالى حين طلب من الفرد أن يتحلى بالصدق والأمانة والوفاء بالعهد، فإنه لم يحدد ذلك بالفرد نفسه وإنما بكل ما يحيطه في حياته الخاصة والعامة وقد أراد اللَّهِ سبحانه وتعالى أن تكون الدولة الإسلامية قدوة تحتذى من قبل الدول الأخرى ومن الإنسانية جمعاء، كما أن كل فرد فيها لا بد وأن يكون قدوة هو الآخر لأن اللَّهِ سبحانه وتعالى جعل هذه الأمة خير أمة أخرجت للناس[2] لذلك فإن الدولة الإسلامية لا بد وأن تكون حريصة على تطبيق النظام الأخلاقي القرآني تطبيقاً شاملاً، لهذا كان مقرراً على الدولة الإسلامية في الشريعة الإسلامية أن تلتزم بمعاني الأخلاق، ولقد عضد الحديث النبوي الشريف هذه الشمولية كذلك، وإن الفقه الإسلامي قد وضح هذه الشمولية توضيحاً جيداً.

فإذا عاهد المسلمون قوماً أو عاهدت الدولة الإسلامية دولة كافرة ثم خانت تلك الدولة الكافرة العهد وغدرت بالدولة الإسلامية فإن اللَّهِ سبحانه وتعالى يأمر المسلمين بنقض العهد أيضا، إلا أنه يطلب منهم أن يعلمونهم بما جرى من نقض

---

(1) النحل، 91.

(2) ﴿**كُنْتُمْ خَيْرَ أُمَّةٍ أُخْرِجَتْ لِلنَّاسِ تَأْمُرُونَ بِالْمَعْرُوفِ وَتَنْهَوْنَ عَنِ الْمُنْكَرِ وَتُؤْمِنُونَ بِاللهِ**﴾، (آل عمران، 110).

العهد، فقال تعالى: (إِمَّا تَخَافَنَّ مِن قَوْمٍ خِيَانَةً فَانبِذْ إِلَيْهِمْ عَلَى سَوَاءٍ إِنَّ اللّهَ لاَ يُحِبُّ الخَائِنِينَ)[1].

وإذا عاهد الفرد فرداً أو جماعة أو دولة فإنه مأمور بالإيفاء بالعهد كما وإن الدولة الإسلامية مأمورة بالوفاء بالعهد إذا عاهدت أيضاً فقال تعالى: (وَأَوْفُواْ بِعَهْدِ اللّهِ إِذَا عَاهَدتُّمْ)[2] وبهذا المعنى تحدث الرسول صلى اللهِ عليه وسلم فقال: "إنا لا يصلح في ديننا الغدر".

سريان الأخلاق الإسلامية في الوسائل والغايات:

لقد تبين لنا من خلال دراستنا للاخلاق وعمق اتصالها بكل الأنظمة الأخرى، أن اللهِ سبحانه وتعالى أراد لهذه الأمة أن تكون أنموذجاً في كل صورها، لأن التزام الأخلاق في كل أمر دليل على أن الرسالة الإسلامية نظاماً أمثل للبشرية يوصلهم إلى السعادة في الدارين.

ولا شك في أن لكل أمر من الأمور غاية، ولكل غاية طريق أي وسيلة توصل الفرد أو المجتمع أو الإنسانية أجمع إليه، وقد تبين لنا أن ما يبغيه اللهِ في الأهداف العامة، إن هو إلا تحقيق تلك السعادة التي يطمئن إليها الناس من جانب والتي لا تسبب ضرراً للآخرين وكذلك من التي لا تخالف تشريعاً من التشريعات بل إنها تساعد على تحقيقه. ولما كانت الأخلاق ذات جذور وصلة في كل أمر كما تبين لنا، فالغايات إذن أخلاقية أو ذات صبغة أخلاقية لا تخالف الموازين الخلقية التي وضعها الباري عز وجل للناس.

ومن الطبيعي أن للوصول إلى تلك الغايات لا بد من السير على نهج أو وسيلة، فهل يجوز أن تكون الوسيلة رذيلة لتحقيق غاية سليمة أو شريفة؟ بالطبع

(1) الأنفال، 58.

(2) النحل، 91.

كلا. فالوسيلة لا بد وأن تتصف هي الأخرى بالأخلاق، وأن يسير كل من الفرد أو المجتمع عليها للوصول إلى الغاية الشريفة، وفي هذا تخالف الأخلاق القرآنية النظريات الغربية النفعية التي تقول بأن "الغاية تبرر الوسيلة" فالوسيلة غير الشريفة لا توصل إلى غاية شريفة، والغاية الشريفة تأنف أن يكون الوصول إليها عن طريق غير سليم لأن في الوسيلة المرذولة إيذاء للآخرين وإهدار لقيم المجتمع السليم وإحقاق الظلم وإبعاد للعدالة، وهذه كلها تنافي ما جاء به الإسلام.. وكدليل على مشروعية الوسيلة ومراعاة معاني الأخلاق فيها، قوله تعالى: (**وَإِنِ اسْتَنصَرُوكُمْ فِي الدِّينِ فَعَلَيْكُمُ النَّصْرُ إِلاَّ عَلَى قَوْمٍ بَيْنَكُمْ وَبَيْنَهُمْ مِّيثَاقٌ وَاللّهُ بِمَا تَعْمَلُونَ بَصِيرٌ**) (الانفال، 72) فهذه الآية الكريمة توجب على المسلمين نصرة إخوانهم المظلومين قياماً بحق الأخوة في الدين ولكن إذا كانت نصرتهم تستلزم نقض العهد مع الكفار الظالمين لم تجر النصرة، لأن وسيلتها الخيانة ونقض العهد. والإسلام يمقت الخيانة ويكره الخائنين.

ارتباط الأخلاق الإسلامية بالجزاء

الجزاء خصيصة مهمة من خصائص النظام الأخلاقي الإسلامي، فالإسلام ما جاء إلا لإحقاق الحق بين الناس.

ولقد جاء الإسلام بالأخلاق أمراً ونهياً، ثم إن عصيان الشرع وارتكاب ما نهى عنه سبب للعقاب قال تعالى: (**وَيْلٌ لِّكُلِّ هُمَزَةٍ لُّمَزَةٍ**)[1].

كما أن الالتزام بحدود الشرع وطاعته سبب للثواب الحسن، وقد وزع علماء الأخلاق الإسلامية الجزاء الأخلاقي إلى أربعة أنواع هي الجزاء الإلهي والوجداني والطبيعي والاجتماعي[2].

(1) الهمزة، 1.

(2) انظر يالجن، الاتجاه الأخلاقي، ص 251.

الجزاء الإلهي: ويشمل الثواب في حالة الاستقامة والعقاب في حالة الانحراف[1].

ثم إن الجزاء الإلهي ينقسم بدوره إلى قسمين دنيوي وآخروي، ويكون كل منهما بحسب درجة المسؤولية في قلة وكثرة أو قطعي وغير قطعي.

فلقد قطع اللهِ سبحانه وتعالى على نفسه إثابة المحسن على ما قدمه من إحسان مهما بلغ قدره - ثم حياته قال تعالى: (**لَكِنِ الَّذِينَ اتَّقَوْا رَبَّهُمْ لَهُمْ غُرَفٌ مِّن فَوْقِهَا غُرَفٌ مَّبْنِيَّةٌ تَجْرِي مِن تَحْتِهَا الأَنْهَارُ وَعْدَ اللَّهِ لاَ يُخْلِفُ اللَّهُ الْمِيعَادَ**)[2].

ويضاعف اللهِ سبحانه الثواب أيضا، قال تعالى: (**مَّثَلُ الَّذِينَ يُنفِقُونَ أَمْوَالَهُمْ فِي سَبِيلِ اللَّهِ كَمَثَلِ حَبَّةٍ أَنبَتَتْ سَبْعَ سَنَابِلَ فِي كُلِّ سُنبُلَةٍ مِّئَةُ حَبَّةٍ وَاللَّهُ يُضَاعِفُ لِمَن يَشَاءُ وَاللَّهُ وَاسِعٌ عَلِيمٌ**)[3]، وقد فضل اللهِ تعالى عقاب المسيئ، لأن هناك ذنوباً تغتفر وذنوباً لا تغتفر كالكفر مثلاً، قال تعالى: (**إِنَّ الَّذِينَ كَفَرُوا وَصَدُّوا عَن سَبِيلِ اللَّهِ ثُمَّ مَاتُوا وَهُمْ كُفَّارٌ فَلَن يَغْفِرَ اللَّهُ لَهُمْ**)[4] وكذلك الشرك باللهِ، قال سبحانه: (**إِنَّ اللَّهَ لاَ يَغْفِرُ أَن يُشْرَكَ بِهِ وَيَغْفِرُ مَا دُونَ ذَلِكَ لِمَن يَشَاءُ**)[5].

وهناك ذنوب أخرى سماها القرآن الكريم "السيئات" وسميت "الصغائر" لتمييزها عن الكبائر "ودعيت كذلك "بالعصيان" أو "اللمم" وقد وعد الباري عز وجل بغفرانها أن تجنب صاحبها تكرارها، قال تعالى: (**إِن تَجْتَنِبُوا كَبَائِرَ مَا تُنْهَوْنَ عَنْهُ نُكَفِّرْ عَنكُمْ سَيِّئَاتِكُمْ**)[6]. و: (**الَّذِينَ يَجْتَنِبُونَ كَبَائِرَ الإِثْمِ وَالْفَوَاحِشَ إِلاَّ اللَّمَمَ**)[7].

---

(1) نفس المصدر السابق، ص 125.

(2) الزمر، 20.

(3) البقرة، 261.

(4) محمد، 34.

(5) النساء، 48.

(6) النساء، 31.

(7) النجم، 32.

ولا تقبل التوبة عندما يأتي الموت الإنسان بل لا بد وأن تكون توبته في حياته ليتحقق معنى وفائدة التوبة، قال تعالى: **(وَلَيْسَتِ التَّوْبَةُ لِلَّذِينَ يَعْمَلُونَ السَّيِّئَاتِ حَتَّى إِذَا حَضَرَ أَحَدَهُمُ الْمَوْتُ قَالَ إِنِّي تُبْتُ الآنَ وَلاَ الَّذِينَ يَمُوتُونَ وَهُمْ كُفَّارٌ أُوْلَـئِكَ أَعْتَدْنَا لَهُمْ عَذَاباً أَلِيماً)** (النساء، 18).

ويمكن اختصار العقاب والثواب الأخوي بقوله تعالى: **(مَن يَعْمَلْ مِثْقَالَ ذَرَّةٍ خَيْراً يَرَهُ * وَمَن يَعْمَلْ مِثْقَالَ ذَرَّةٍ شَرّاً يَرَهُ)** (الزلزلة، 7-8). أما غفران الذنب في الحياة الدنيا فلا يدخل في نطاق الحساب في الآخرة.

وتتراوح عقوبات الآخرة بين عذاب في النار ثم تتبعها مغفرة من اللهِ أو خلود في النار وذلك بحسب الذنوب وليس هذا مجال مناقشتها. أما الثواب فيكون الخلود في الجنة. وما يهمنا أن نعرفه في هذا المقام أن هناك داراً للجزاء يجازى فيها كل امرئ بما عمل من خير وشر في هذه الحياة الدنيا وأن الكافر يجازى أسوأ الجزاء مدة دوام دار الجزاء تلك وكذلك المؤمن الصالح يجازى أحسن الجزاء مدة دوام دار النعيم أو الجنة. وبتعبير آخر فكل واحد منهما خالد في داره وجزائه ما دامت الجنة والنار وهناك جزاء دنيوي قال تعالى: **(مَنْ عَمِلَ صَالِحاً مِّن ذَكَرٍ أَوْ أُنثَى وَهُوَ مُؤْمِنٌ فَلَنُحْيِيَنَّهُ حَيَاةً طَيِّبَةً)** (النحل، 97) وقال: **(فَتِلْكَ بُيُوتُهُمْ خَاوِيَةً بِمَا ظَلَمُوا إِنَّ فِي ذَلِكَ لَآيَةً لِّقَوْمٍ يَعْلَمُونَ)** (النمل، 52). وقال تعالى: **(كَذَّبُواْ بآيَاتِ رَبِّهِمْ فَأَهْلَكْنَاهُم بِذُنُوبِهِمْ وَأَغْرَقْنَا آلَ فِرْعَونَ)** (الانفال، 54). وقال: **(فَأَمَّا ثَمُودُ فَأُهْلِكُوا بِالطَّاغِيَةِ * وَأَمَّا عَادٌ فَأُهْلِكُوا بِرِيحٍ صَرْصَرٍ عَاتِيَةٍ)** (الحاقة، 6) .

فهذه الآيات وغيرها تثبت العقاب الإلهي الدنيوي للسيئ وكذلك المثابة للمحسن إضافة إلى ما ينتظر كلا منهما من عقاب أو ثواب في الآخرة.

أما الجزاء الوجداني: فقد عرفه يالجن بأنه "الحركة الشعورية التي نحس بها في أعماق قلوبنا بالفرح أو التأنيب بعد كل فعل مباشرة فنعتقد بأنه فعل حسن أو قبيح ويرى علماء النفس أن هذا الجزء أكثر تأثيراً من العقاب المادي، لأن المجرم

سيكون تحت عقاب مستمر فإن لم تنكشف جريمته للآخرين فإنه سيظل تحت طائلة الخوف والقلق المستمرين من انكشاف الجريمة. وذاك مصداق لقوله تعالى: (**وَلَوْ نَشَاءُ لَأَرَيْنَاكَهُمْ فَلَعَرَفْتَهُم بِسِيمَاهُمْ وَلَتَعْرِفَنَّهُمْ فِي...**) (محمد، 30) ثم إنه سيكون تحت تأنيب ضمير مستمر وإحساس بذنب يجلب به الكآبة دائماً أما إذا انكشفت وعرفت عند الآخرين فإنه سيفقد معها أهليته الاجتماعية من حب ومودة.

أما الإنسان الذي يلتزم الجانب الأخلاقي ولا يقترف إثماً أو جريمة فإنه سيكون صافي الوجدان دائماً وتراه مطمئن البال. وكلا الشخصين ترتسم أعماله على وجهه، فالمجرم المهموم المنشغل البال يعكس همومه على وجهه، والشخص الصالح التقي تراه مبتسماً ناضر الوجه. قال تعالى: (**لِّلَّذِينَ أَحْسَنُواْ الْحُسْنَى وَزِيَادَةٌ وَلاَ يَرْهَقُ وُجُوهَهُمْ قَتَرٌ وَلاَ ذِلَّةٌ أُوْلَـئِكَ أَصْحَابُ الْجَنَّةِ هُمْ فِيهَا خَالِدُونَ * وَالَّذِينَ كَسَبُواْ السَّيِّئَاتِ جَزَاءُ سَيِّئَةٍ بِمِثْلِهَا وَتَرْهَقُهُمْ ذِلَّةٌ مَّا لَهُم مِّنَ اللّهِ مِنْ عَاصِمٍ كَأَنَّمَا أُغْشِيَتْ وُجُوهُهُمْ قِطَعاً مِّنَ اللَّيْلِ مُظْلِماً أُوْلَـئِكَ أَصْحَابُ النَّارِ هُمْ فِيهَا خَالِدُونَ**) (يونس، 26-27).

وقد أخبرنا اللهِ عز وجل، أن تلك العلاقات تظهر في وجوه الخلق يوم القيامة أيضاً فقال: (**وُجُوهٌ يَوْمَئِذٍ مُّسْفِرَةٌ * ضَاحِكَةٌ مُّسْتَبْشِرَةٌ * وَوُجُوهٌ يَوْمَئِذٍ عَلَيْهَا غَبَرَةٌ * تَرْهَقُهَا قَتَرَةٌ**) (عبس، 38-41) .

أما الجزاء الطبيعي: فيبين صلة الطبيعة بالاخلاق وإن من يخرج على سنن الأخلاق وقوانينه فإنه سينال جزاءه من الطبيعة نفسها.

أما كيفية نيل الجزاء الطبيعي فإنه يتم:

أ- استناداً إلى قوانين الطبيعة نفسها كالإصابة بالأمراض بسبب مخالفة القوانين الأخلاقية كالإصابة بالأمراض الجنسية بسبب ارتكاب الزنا أو الإصابة بالأمراض المخالفة لقوانين النظافة.

ب- استناداً إلى قوانين الطبيعة الاجتماعية فممارسة الكذب يعني مخالفة قانون الصدق وهو يزيل الثقة بالأشخاص ويجعل التعامل الاجتماعي مع من يمارس الكذب صعباً مما يؤدي إلى انعدام الاطمئنان في الحياة الاجتماعية.

ولو تعدى الناس حرمة النفس الإنسانية لتفشت الجريمة، وهذا ما يؤدي إلى انعدام الأمن أو انعدام الحياة نفسها.

أما إذا روعيت القوانين الأخلاقية فالطبيعة نفسها تجازي الناس بحياة سعيدة يسودها الاطمئنان والمحبة، والإسلام نفسه قد ربط قوانينه الأخلاقية بالقوانين الطبيعية فنهى عن كل شيء يضر فعله بالطبيعة وأمر بكل شيء ينفع فعله الطبيعة.

وأما الجزء الاجتماعي فينقسم إلى نوعين "جزاء مادي وجزاء أدبي. فالجزاء المادي هو الذي يقرره المجتمع في معاقبته المسيء والمنحرف، أو في مكافأة المستقيم، ولقد قرر الإسلام عقوبات مختلفة للجرائم، فجعل عقوبة الزنا "الجلد" قال تعالى: (**الزَّانِيَةُ وَالزَّانِي فَاجْلِدُوا كُلَّ وَاحِدٍ مِّنْهُمَا مِئَةَ جَلْدَةٍ وَلاَ تَأْخُذْكُمْ بِهِمَا رَأْفَةٌ فِي دِينِ اللَّهِ إِن كُنتُمْ تُؤْمِنُونَ بِاللَّهِ وَالْيَوْمِ الآخِرِ وَلْيَشْهَدْ عَذَابَهُمَا طَائِفَةٌ مِّنَ الْمُؤْمِنِينَ**) (النور،2).

وقد زاد الله سبحانه وتعالى إلى عقوبة الجلد شهادة طائفة من المؤمنين لتنفيذ هذه العقوبة ليكون العقاب أردع إلى نفس المذنب، ثم جعل الباري قطع اليد جزاء للسرقة فقال: (**السَّارِقُ وَالسَّارِقَةُ فَاقْطَعُواْ أَيْدِيَهُمَا جَزَاءً بِمَا كَسَبَا نَكَالاً مِّنَ اللَّهِ وَاللَّهِ عَزِيزٌ حَكِيمٌ**) (المائدة، 38). وعقوبة أخرى لمن يحارب الإسلام والدين فقال تعالى: (**إِنَّمَا جَزَاءُ الَّذِينَ يُحَارِبُونَ اللَّهِ وَرَسُولَهُ وَيَسْعَوْنَ فِي الأَرْضِ فَسَاداً أَن يُقَتَّلُواْ أَوْ يُصَلَّبُواْ أَوْ تُقَطَّعَ أَيْدِيهِمْ وَأَرْجُلُهُم مِّنْ خِلافٍ أَوْ يُنفَوْاْ مِنَ الأَرْضِ ذَلِكَ لَهُمْ خِزْيٌ فِي الدُّنْيَا وَلَهُمْ فِي الآخِرَةِ عَذَابٌ عَظِيمٌ**) (المائدة، 33) .

وقد تبين من هذه الآيات أن العقوبة هي حق المجتمع كما هي حق الله وذلك لأن المجرم لا يتعدى في جريمته حدود الله فقط، وإنما يعتدي على المجتمع أيضاً وقد تكون جريمته سبباً لهلاك الناس. وجزاؤه الدنيوي بطبيعة الحال ليس هو الجزاء الأخير وإنما عقوبته الأخرى تكون في الآخرة. وبهذا يمتاز قانون الجزاء في الإسلام بأن العقوبات لا تكون دنيوية فقط وإنما تلاحق المذنب والمسيء إلى يوم القيامة.

أما الجزء الأدبي: فخسران المذنب لثقة الناس فيه في الدنيا وعدم الاعتداد بشخصه فعقوبة من يرمي المحصنات ثمانين جلدة وهذا عقاب مادي وحرمانه من قبول شهادته في المحاكم أو غيرها وهذا عقاب أدبي إذ أنه سيفقد احترام الناس وثقتهم بقوله وكذلك فإن شخصاً يفقد ثقة المجتمع فيه فإنه سيكون مدعاة للحرمان من الوظائف وغيرها من الأمور الهامة في المجتمع.

ويقابل ذلك، رفع شأن الصالحين من الناس وقبول شهادتهم والاقتداء بهم ومصاحبتهم والثقة بكلامهم وتقليدهم ما يستحقون من الوظائف والمهام الاجتماعية.

ويمكن استخلاص علاقة الأخلاق الإسلامية بالجزاء بما يأتي:

أولاً: أن الإسلام ربط الأخلاق بالجزاء ربطاً لا انفصام له سواء أكان هذا الجزاء عاجلاً أم آجلاً.

ثانياً: وقد راعى الإسلام في الجزاء الأخلاقي طبيعة الإنسان، سواء أكان الجانب المادي أم المعنوي في تلك الطبيعة، وذلك بتقريره جزاءاً مادياً ومعنوياً للسلوك الأخلاقي.

ثالثا: ربط الحياة الدنيا والآخرة بالعمل الأخلاقي، فكانت نتيجة الأخلاق الحسنة السعادة في الدارين ونتيجة الأخلاق السيئة التعاسة فيهما.

وقد تبين مما عرضناه أن الجزاء نتيجة طبيعية للمسؤولية. فالجزاء من حيث أنه أساس أخلاقي له أهميته الكبرى،بل إن أهميته مزدوجة، فهو مهم باعتباره دافعاً للتمسك بالقيم الأخلاقية، وهو مهم لأن العدالة تقتضيه.

الوحدة الرابعة
أسس الأخلاق في الإسلام

الأساس الإيماني
الأساس العلمي
الأساس الجزائي
الأساس الإنساني "النفسي"

في هذه الوحدة :

سنرى أن للأخلاق في الإسلام أسـس كثيرة منها الأساس الإيمـاني أي أسـاس العقيـدة مدعماً بالآيات القرآنية والحـديث الشريـف مقارنة بـالأخلاق الوضعية التي تركت الـوازع الديني في أخلاقها العامة، وكذلك الأساس العلمي حيث أن الرسول صلى الله عليه وسـلم كـان يطلب من الباري عز وجل أن يغنيه بالعلم والحلم والتقوى والعافية ويـدعوه أن ينفعـه بمـا علمه. ثم الأساس الجزائي حيث لا يستوي الخبيـث والطيب ولا الصـالح والطـالح أو المصلح والفاسد.

ثم الأساس النفسي الإنساني حيث أن للنفس الإنسانية أفعـال تصدر عنهـا بـالإرادة والتي يجب أن يهذبها بما تعلمه إياه الشريعة الإسلامية.

أسس الأخلاق في الإسلام:

تستند الأخلاق الإسلامية على أسس ثلاث هي:

الأساس الإيماني "اساس العقيدة"

فالإسلام يجعل من العقيدة الأساس الذي تصدر عنه الأخلاق القويمة. فنجد أن الإيمان يتصدر أي أمر خلقي للباري عز وجل. قال تعالى: (**يأَيُّهَا الَّذِينَ امَنُواْ لاَ يَسْخَرْ قَوْمٌ مِّن قَوْمٍ عَسَى أَن يَكُونُواْ خَيْراً مِّنْهُمْ**) (الحجرات، 11).

(**يأَيُّهَا الَّذِينَ امَنُواْ اجْتَنِبُواْ كَثِيراً مِّنَ الظَّنِّ إِنَّ بَعْضَ الظَّنِّ إِثْمٌ**) (الحجرات، 12).

وقال صلى اللهِ عليه وسلم "لا يزني الزاني حين يزني وهو مؤمن، ولا يسرق الساق حين يسرق وهو مؤمن ولا يشرب الخمر حين يشربها وهو مؤمن"[1].

وقال صلى اللهِ عليه وسلم: " من كان يؤمن باللهِ واليوم الآخر فليحسن إلى جارهِ، ومن كان يؤمن باللهِ واليوم الآخر فليكرم ضيفه، ومن كان يؤمن باللهِ واليوم الآخر فليقل خيراً أو ليسكت"[2].

وبناء الأخلاق على أساس العقيدة ضمانة لثبات الأخلاق واستمرارها ومحاولة الفصل بين القيم الخلقية والعقيدة تجهضهما، كما حدث في المجتمعات الغربية التي تركت الوازع الديني في أخلاقها العامة[3].

الأساس العلمي:

يرتبط العلم بالعقيدة والإيمان ونشهد النصوص الشرعية والآثار والأفعال والحكم والأشعار على ذلك الارتباط، قال تعالى: (**هُوَ الَّذِي بَعَثَ فِي الأُمِّيِّينَ رَسُولاً مِّنْهُمْ**

(1) رواه البخاري في الحدود (باب الزنا وشرب الخمر) ورواه مسلم في الإيمان باب بيان نقصان الإيمان بالمعاصي.

(2) رواه مسلم في الإيمان"باب الحث على إكرام الجار"، رقم 48.

(3) مقداد يالجن، التربية الأخلاقية الإسلامية، ص 281، 283.

يَتْلُو عَلَيْهِمْ آيَاتِهِ وَيُزَكِّيهِمْ وَيُعَلِّمُهُمُ الْكِتَابَ وَالْحِكْمَةَ وَإِن كَانُواْ مِن قَبْلُ لَفِي ضَلَالٍ مُّبِينٍ). (الجمعة، 2)

وقد كان رسول اللهِ صلى اللهِ عليه وسلم يدعو فيقول: "اللّهم اغنني بالعلم وزيني بالحلم وأكرمني بالتقوى وجملني بالعافية"[(1)]. ويقول "اللّهم انفعني بما علمتني وعلمني ما ينفعني وزدني علماً"[(2)].

وحديثاً يرى ديكارت أن الأخلاق لا يمكن إدراكها إلا بعد الكشف عن جميع أجزاء العلم وأنه ينبغي اعتبار علم الأخلاق كالكيل لغيره من العلوم[(3)].

الأساس الجزائي:

الجزاء في الإسلام يعني الثواب والعقاب، ففي معرض الثواب يقول الباري عز وجل **(وَكَذَلِكَ نَجْزِي الْمُحْسِنِينَ)** (الأنعام، 84) أما في معرض العقاب فيقول عز من قائل **(ذَلِكَ جَزَيْنَاهُمْ بِمَا كَفَرُواْ وَهَلْ نُجَازِي إِلاَّ الْكَفُورَ)** (سبأ، 17).

والجزاء قد يكون دنيوياً أو أخروياً وقد يكون للترغيب أو للترهيب وذلك لحمل الناس على التمسك بخلق معين أو النفور من آخر.

قال صلى اللهِ عليه وسلم "من غشنا فليس منا"[(4)] وقال "من سره أن يبسط له في رزقه وأن ينسأ له في أثره فليصل رحمه"[(5)].

وتتحقق العدالة في الجزاء، حيث لا يجوز أن يستوي الصالح والطالح أو الخبيث والطيب، والمصلح والفاسد قال تعالى: **(أَفَنَجْعَلُ الْمُسْلِمِينَ كَالْمُجْرِمِينَ * مَا لَكُمْ**

---

(1) رواه ابن النجار عن ابن عمر والحديث حسن (الجامع الصغير للسيوطي).
(2) رواه الترمذي وابن ماجة عن أبي هريرة حديث حسن (الجامع الصغير للسيوطي).
(3) مقداد يالجن، التربية الأخلاقية الإسلامية، ص 226.
(4) رواه مسلم في الإيمان، باب قول النبي صلى الله عليه وسلم "من غشنا فليس منا".
(5) رواه البخاري في الأدب، باب من بسط له في الرزق بصلة الرحم.

كَيْفَ تَحْكُمُونَ) (سورة القلم، 35-36) وقال تعالى: (**لاَّ يَسْتَوِي الْخَبِيثُ وَالطَّيِّبُ وَلَوْ أَعْجَبَكَ كَثْرَةُ الْخَبِيثِ**) (المائدة، 100).

الأساس الإنساني "النفسي"

لا شك أن هناك ارتباطاً بين الأخلاق والدوافع وقد تستمد الأخلاق من الدوافع. يذكر الماوردي بأن "الأخلاق غرائز كامنة تظهر بالاختبار وتقهر بالاضطرار. وللنفس أخلاق تحدث عنها بالطبع ولها أفعال تصدر عنها بالإرادة "إلى أن يقول "فصارت الأخلاق غير منفكة في جبلة الطبع وغريزة الفطرة في فضائل محمودة ورذائل مذمومة".

إن الإنسان في مركز لائق به في الإسلام نظراً للإعلاء والتسامي اللذين وضع الإسلام الإنسان بها قال تعالى: (**وَلَقَدْ كَرَّمْنَا بَنِي آدَمَ**) (الاسراء، 70). ذلك ما يجعله متولياً لتهذيب أخلاقه وهو يعبر عن حاجاته وميوله ودوافعه في حياته الدنيا[1].

(1) الأخلاق في الإسلام، د. كايد قرعوش، ص 17-36، بتصرف.

الوحدة الخامسة
اكتساب الأخلاق

وسائل اكتساب الأخلاق
الإرادة الإنسانية في اكتساب الأخلاق
الوسائل العملية لاكتساب الأخلاق

في هذه الوحدة سنرى فيما إذا كانت الأخلاق تكتسب:

فهناك إرادة إنسانية وهناك طبيعة إنسانية فكيف يتمكن الإنسان أن يكتسب من خلالهما الأخلاق مبينين أهم الوسائل العملية لاكتساب الأخلاق. واكتسابها ليس كافياً إن لم يكن هناك تقويماً له ولذلك فسنقوم بدراسة وسائل تقويم الأخلاق. ثم نعرج على ماهية السلوك الإنساني حيث السلوك فعل استجابي يمكن مشاهدته في الخارج. وقد يكون عمليات نفسية داخلية تميز بين السلوك الصحيح والسلوك الضمني أو المضمر وحيث يرتكز على ناحيتين الأولى الطبيعة التي يجبل عليها الإنسان وثانيهما التربية والتطبع ليكون السلوك بعدئذ وليد الصفات المستقرة داخل النفس.

سنرى في هذه الوحدة أيضاً التمسك بالعادات والتقاليد الموروثة وكيف أن الإنسان يميل في سلوكه المنحرف إلى جانب القوى دائماً عكس المؤمن صاحب السلوك الجيد الذي ميله إلى الإيمان باللهِ وإلى الحق.

وسائل اكتساب الأخلاق

يـرى بعـض المفكـرين أن الأخـلاق فطريـة ولـيس هنـاك مجـال لاكتسـابها. إلا أن المفكرين الإسلاميين كالغزالي -رحمه اللهِّ- قد تعرضوا لأصحاب هذا الرأي فقال فيهم "اعلم أن بعض من غلبت البطالة عليه استثقل المجاهدة والرياضة والاشتغال بتزكية الـنفس وتهـذيب الأخلاق. فلم تسمح نفسه بأن يكون ذلك لقصوره ونقصه وخبث دخيلته فزعم أن الأخلاق لا يتصور تغييرها فإن الطباع لا تتغير"[(1)].

وقد رد الباري عز وجل من قبل عـلى هـذا الـرأي، فالنصـوص الشرعية الداعيـة إلى التمسك بالفضائل والإعراض عن الرذائل فلـو لم يكـن ثمـة مجـال لاكتسـاب الاخـلاق لبطلـت الحكمة من إرسال الرسل ولكـان نـزول الكتـب السـماوية عبثـاً. ولمـا كـان هنالـك أي معنـى للدعوة والموعظة وغيرها. وقد قال رسول اللهِّ صلى اللهِّ عليه وسلم "اللّهم كما حسّـنت خَلقـي فحسن خُلقي". وهذا كله يدل على أن الأخلاق تكتسب وتـزداد وتتحسـن، والتربيـة الخلقيـة الإسلامية تستهدف ضبط الشـهوات وتهـذيبها إذ أن نهـج الإسـلام يسـتهدف توجيـه الـدوافع البشرية إلى العقل والهداية.

يقول الغزالي رحمه اللهِّ "ظنوا أن المقصود من المجاهدة قمع هذه الصـفات بالكليـة ومحوها وهيهات، فإن الشهوة خلقت لفائدة، وهي ضرورية في الجبلة، فلو انقطعـت شـهوة الطعام لهلك الإنسان، ولو انقطعت شهوة الوقاع لانقطع النسل، ولو انعدم الغاضب بالكليـة لم يدفع الإنسان عن نفسه ما يهلكه ولهلك. ولو بطـل الغضـب لبطـل الجهـاد وكيـف يقصـد قطع الشهوة والغضب بالكلية والأنبياء عليهم السلام لم ينفكـوا عـن ذلـك؟ إذ قـال صـلى اللهِّ عليه وسلم "إنما أنا بشر أغضب كما يغضب البشر". (رواه مسلم).

---

(1) الغزالي، إحياء علوم الدين، 73/3.

وكان إذا تكلم بين يديه بما يكرهه يغضب حتى تحمر وجنتاه ولكن لا يقول إلا حقاً فكان عليه السلام لا يخرجه غضبه عن الحق وقال تعالى: **(وَالْكَاظِمِينَ الْغَيْظَ وَالْعَافِينَ عَنِ النَّاسِ)** ولم يقل والفاقدين الغيط، فرد الغضب والشهوة إلى حد الاعتدال بحيث لا يقهر واحد منهما العقل ولا يغلبه بل يكون العقل هو الضابط لهما الغالب عليهما ممكن، وهو المراد بتغيير الخلق"[1].

الإرادة الإنسانية في اكتساب الأخلاق:

تحتاج إمكانية الاكتساب للأخلاق إلى إرادة ومجاهدة مستمرتين. فما معنى الإرادة؟

إنها تعني طلب الشيء. أو شوق الفاعل إلى الفعل[2]. هذا من الناحية اللغوية أما في الاصطلاح فهي: "رغبة دخلت في نزاع مع رغبة أخرى"[3]، وهي "القدرة على قبول تصور أمر ما أو رفضه"[4] وعرفها الإمام التفتازاني بأنها "صفة لها يرجح الفاعل أحد مقدوريه من الفعل أو الترك" والمقدور يتعلق بالقدرة[5].

ويؤكد الإسلام حرية الإنسان وربطها بالمشيئة الإلهية. قال تعالى: **(وَمَا تَشَاءُونَ إِلاَّ أَن يَشَاءَ اللَّهِ)**(الإنسان، 30) وقال **(وَنَفْسٍ وَمَا سَوَّاهَا * فَأَلْهَمَهَا فُجُورَهَا وَتَقْوَاهَا * قَدْ أَفْلَحَ مَن زَكَّاهَا * وَقَدْ خَابَ مَن دَسَّاهَا)** (الشمس، 7-10)

وقد رد الباري عز وجل على الجبريين بقوله **(وَإِذَا فَعَلُواْ فَاحِشَةً قَالُواْ وَجَدْنَا عَلَيْهَا آبَاءَنَا وَاللَّهِ أَمَرَنَا بِهَا قُلْ إِنَّ اللَّهِ لاَ يَأْمُرُ بِالْفَحْشَاءِ أَتَقُولُونَ عَلَى اللَّهِ مَا لاَ**

---

(1) الغزالي، إحياء علوم الدين، 3/ 73، 74، والغزالي،ميزان العمل، ص 47-48.

(2) د. كايد قرعوش، الأخلاق في الإسلام، ص 41.

(3) فاخر عاقل طبائع البشر، ص 28.

(4) مصطفى غالب، الإرادة، ص 24.

(5) د. كايد قرعوش، المصدر السابق، ص 41.

تَعْلَمُونَ (الاعراف، 28) ، وقال الإمام الغزالي في الرد على الجبرية أيضاً بقوله "أنا أريـد فأنـا موجود"[1].

الطبيعة الإنسانية خيّرة أم شريرة؟

ويوفق العلماء بين الطبيعة الخيّرة للإنسان وطبيعتـه الشـريرة. لمحاولـة تنميـة روح الخير لديه فذكروا بأن:

1- أن الطبيعة الإنسانية فيها الاستعداد للخير والشر- وأن طبيعـة الخـير تحتـاج إلى تنميـة الاستعداد لاكتسابها.

2- يرى آخرون أن طبيعة الخير فيه أصل وأن الشر عارض بسبب تأثيرات البيئة وغيرها.

3- وهناك رأي يقول بأن الطبيعة الإنسانية خاصة بكل فرد، فمنهم من يولـد شريراً ومـنهم من يولد خيّراً.

4- ومنهم من يرى أنه يولد شريراً وتنمية الخير فيه أمر طارئ

5- وأخيراً فمنهم مـن يـرى أن الإنسـان يولـد دون طبيعـة الخـير أو الشـر- وتلعـب دوراً في توجيهه.

ويرى الدكتور (قرعوش) بأن هذه الآراء تعتمد على:

1- من ينظر إلى العنصر الروحي يرى أن الإسلام يولد خيّراً.

2- ومن ينظر إلى العنصر الحيواني منه يرى أنه يولد شريراً.

3- ومن ينظر إلى العنصرين معاً. قال باستعداده للخير والشر[2].

---

(1)   د. كايد قرعوش، المصدر السابق، ص 42.

(2)   الأخلاق في الإسلام، ص 44 بتصرف.

الوسائل العملية لاكتساب الأخلاق:

إن هناك جملة وسائل لاكتساب الأخلاق منها:

1- التعليم: ويعزى اكتساب الأخلاق وتنميتها إلى جو التعليم المختلف وتأثيراته.

2- التدريب العملي: إذ قال رسول اللهِ صلى اللهِ عليه وسلم "إنما العلم بالتعلم والحلم بالتحلم". إذ هناك أثر واضح في تدريب الأفراد على الفضائل الخلقية. فالصلاة تعودنا النظام والتواضع. والصوم دورة تدريبية على الصبر وضبط النفس والشعور مع الآخرين. والزكاة تدرب صاحب المال على مقاومة الشح وعلى البذل والشعور مع البؤساء[1].

3- القدوة الحسنة: فالقدوة تجسد القناعة التي يدعو لها الإسلام لأنها السبيل إلى بلوغ الفضائل.

4- الأسرة: حيث تدعم صورة دعم ومؤازرة جهود المؤسسات التعليمية معتمداً على قوله صلى اللهِ عليه وسلم "ما من مولود إلا يولد على الفطرة، فأبواه يهودانه أو ينصرانه أو يمجسانه"[2] وهذا الحديث يظهر أثر تأثير التوجيه الأسري سلباً وإيجاباً.

5- مجتمع الرفقة: معتمداً على الآية الكريمة **(وَيَوْمَ يَعَضُّ الظَّالِمُ عَلَى يَدَيْهِ يَقُولُ يَالَيْتَنِي اتَّخَذْتُ مَعَ الرَّسُولِ سَبِيلاً * يَوَيْلَتَا لَيْتَنِي لَمْ أَتَّخِذْ فُلاَناً خَلِيلاً * لَقَدْ أَضَلَّنِي عَنِ الذِّكْرِ بَعْدَ إِذْ جَاءَنِي وَكَانَ الشَّيْطَانُ لِلإِنْسَانِ خَذُولاً)** (الفرقان / 27-29) وقال صلى اللهِ عليه وسلم "المرء على دين خليله، فلينظر أحدكم من يخالل"[3].

فصور الانحراف تنشأ بسبب سوء الرفقة في أكثر الأحوال.

(1) المصدر السابق، ص 48 بتصرف.

(2) رواه البخاري في الجنائز "باب إذا أسلم". ورواه مسلم في القدر "باب معنى كل مولود يولد على الفطرة".

(3) رواه أبو داود في الأدب "باب من يؤمر أن يجالس رقم 4833".

6- التوجيه الاجتماعي: ويرى أن للمجتمع دوره في التوجيه الأخلاقي وأن دور المجتمع لا يقتصر على حدود الأمر والنهي، بل يتجاوز ذلك إلى الرفض والمقاطعة لأهل السوء والأخذ على أيديهم.

مسؤولية الدولة:

وتملك الدولة سلطات واسعة تشريعية وتنفيذية وقضائية، ورعاية الاخلاق من أخص وظائف الدولة فهي التي تتمكن أن تشرع الاحكام وتنفذها بعد القضاء فيها، سواء أكان القضاء في المظالم أم الحسبة[1].

أما السؤال الذي يفرض نفسه في هذا المجال فهو: هل يجوز تعليق مسألة تردي الأخلاق على الدولة حصراً؟ فقد قيل قديماً " من ليس له من نفسه زاجر لا

(1) المحتسب: منصب يتولاه في الدولة الإسلامية شخص يشرف على الشؤون العامة في مراقبة الأسعار ورعاية الآداب، والحسبة في الأمر أن يحسن تدبيره وفعله.
والحسبان: العد والتدبير الدقيق وفي الإصلاح، عرف ابن تيمية الحسبة بأنها "الأمر بالمعروف والنهي عن المنكر مما ليس من اختصاص الولاة والقضاة وأهل الدواوين وغيره".
وسلطة المحتسب هي قضاء أيضاً، إذ كانت سلطة القاضي موزعة بين المحتسب وقاضي المظالم، فالمحتسب ينظر فيها بما يتعلق بالنظام العام وما يستدعى الفصل فيها إلى السرعة، ووظيفة قاضي القضاة الفصل فيما استعصى من الأحكام فيما يتطلب التحقيق والإشادة في الحكم.
وقد عمدت الدولة الإسلامية إلى تعيين موظف يسمى "المحتسب" وتطورت وظيفته من مراقبة الأسواق فحسب إلى مراقبة النظام العام والمصالح العامة مثل مراقبة الأخلاق والسلوك والمخالفات الدينية والاقتصادية، ونظراً لاتساع واجبات المحتسب مع اتساع الدولة الإسلامية، فقد منح سلطة تنفيذية واسعة تخضع لاجتهاده له وأن يعاقب المخالفين بعقوبات التعزيز مثل كسر آلات الطرب وإراقة الخمرة والتوبيخ بالقول أو بالضرب والنفي والتشهير بحسب المخالفة يساعده في عمله أعوان من الموظفين يعملون تحت إمرته (الوجيز في النظم الإسلامية ص93).

تردعه الزواجر" فلا بد إذن أن نعود إلى القرآن والسنة إذ سنجد أن الأخلاق يمكن اكتسابها بطرق عديدة غير هذه وتلك.

وسائل تقويم الأخلاق:

وضع الإسلام جملة وسائل لتقويم الأخلاق ومنها:

1- العلم التفصيلي بمعاني الأخلاق الإسلامية: حيث من خلالها يعمل المرء بهمة ونشاط لاكتساب الخلق الحسن الذي خلت نفسه منه وتقويم الخلق المعوّج عنده.

2- يجب أن يكون علمه التفصيلي بالأخلاق دافعاً لتقوية إيمانه وتقوى اللهِ: فوجود الأخلاق دليل على الإيمان وانعدامها دليل على انعدامه. إن معرفة المسلم التفصيلية بالأخلاق تدفعه حتماً إلى التمسك بها حرصاً على إيمانه ودينه من الضياع وطمعاً في رضوان اللهِ تعالى ودخوله الجنة.

3- كما يدفعه ذلك العلم التفصيلي إلى استحضار معاني الاخلاق ومفرداتها دائماً في ذهنه فيدفع بالسيء منها ويتمسك بالجيد. والتذكر بها يقوي الإيمان ويزيد من تقوى اللهِ.

4- كما تدفعه إلى التمسك بالعقيدة: فتقوية معاني العقيدة في النفس يؤدي إلى انفتاح النفس وتقبلها لمعاني الاخلاق الإسلامية والتخلي عن الخلق الرديء.

5- إن التحلي بمحاسن الأخلاق يزكي النفس بممارسة العبادات والطاعات الواجبة والمقدسة. وممارسة الطاعات تزكي النفس الإنسانية للتحلي ولاكتساب الأخلاق الجيدة وإبعاد الرديء منها وتقويم المعوج.

6- وكطريقة لاكتساب الأخلاق أن يعالج المسلم الخصلة الخلقية السيئة بضدها وذلك بالقيام بالأعمال المضادة للأخلاق التي يراد التخلص منها والمناقضة لمقتضاها. وقد شدد الإمام الغزالي على هذا الأسلوب لاكتساب لأخلاق.

7- أن يتكلف المرء صيغ الاخلاق القويمة إن لم تكن جزءاً من سلوكه حيث يعتاد المسلم على ذلك التكلف شيئاً فشيئاً حتى تصبح تلك الخصال وصفاً له وهذه الصيغة تحتاج إلى صبر وإرادة ومداومة حتى تتخلق النفس بتلك الأخلاق وتطرد عنها سيئها.

8- اختيار البيئة الصالحة: أي أن يعود المسلم نفسه أن يكون دائماً في جو إيماني أخلاقي إسلامي فتعويد النفس مصاحبة المؤمن تؤدي إلى الاستفادة والاقتباس والتسامي عن الأخلاق السيئة ونبذ الرديء منها. فالمصاحبة والمخالطة لمن هو من أهل الصلاح والتقوى والخلق الحسن طريق إلى الاقتداء به والاقتباس منه ومحاكاته في صفاته.

9- اتخاذ مثل أعلى للاقتداء به:وخير مثل لنا رسول اللهِ صلى اللهِ عليه وسلم حيث نحن مأمورون باتباعه والاقتداء به (**لَّقَدْ كَانَ لَكُمْ فِي رَسُولِ اللَّهِ أُسْوَةٌ حَسَنَةٌ لِّمَن كَانَ يَرْجُو اللَّهَ وَالْيَوْمَ الْآخِرَ وَذَكَرَ اللَّهَ كَثِيراً**) [الاحزاب: 21]. كذلك الاقتداء بسير الصالحين كالخلفاء الراشدين والعشرة المبشرة وأصحاب بدر والصحابة الأطهار.

10- هجر البيئة الفاسدة ورفقة السوء: قال تعالى (**وَيَوْمَ يَعَضُّ الظَّالِمُ عَلَى يَدَيْهِ يَقُولُ يَا لَيْتَنِي اتَّخَذْتُ مَعَ الرَّسُولِ سَبِيلاً * يَوَيْلَتَا لَيْتَنِي لَمْ أَتَّخِذْ فُلَاناً خَلِيلاً**) [الفرقان: 27-28].

11- التفكر الدائم فيما أعده اللهِ تعالى: من جزاء لمن يتخلق بالأخلاق الحميدة وعقاب لمن يتخلق بالفاسد منها (**يَوْمَ تَجِدُ كُلُّ نَفْسٍ مَّا عَمِلَتْ مِنْ خَيْرٍ مُّحْضَراً وَمَا عَمِلَتْ مِن سُوءٍ تَوَدُّ لَوْ أَنَّ بَيْنَهَا وَبَيْنَهُ أَمَداً بَعِيداً**) [آل عمران: 30].

12- ممارسة التوبة: فللتوبة مقامها العظيم عند اللهِ تعالى (**إِنَّ اللَّهَ يُحِبُّ التَّوَّابِينَ وَيُحِبُّ الْمُتَطَهِّرِينَ**) [البقرة: 222]، وروى مسلم أن الرسول صلى اللهِ عليه وسلم قال: "إن اللهِ عز وجل يبسط يده بالليل ليتوب مسيء النهار ويبسط يده

بالنهار ليتوب مسيء الليل حتى تطلع الشمس من مغربها" وثمرة التوبة عظيمة جداً من جانب الأخلاق والسلوك لأنها تورث تغييراً كاملاً أو شبه كامل في الأخلاق فتجعل من كان بالأمس كاذباً هاتكاً للأعراض غادراً آكلاً للأموال بالباطل، سيء الخلق بوجه عام، يصبح بعد التوبة صادقاً حامياًَ للأعراض مدافعاً عنها أميناً عفيفاً حسن الخلق في كل شيء.

13- المحاسبة اليومية للنفس وعدم تركها للغفلة: **﴿إِنَّ الَّذِينَ اتَّقَوْا إِذَا مَسَّهُمْ طَائِفٌ مِّنَ الشَّيْطَانِ تَذَكَّرُوا فَإِذَا هُم مُّبْصِرُونَ﴾** [الأعراف: 201].

14- إضافة إلى ما تقدم فإن الجو الاجتماعي الصالح والتوجيه الإعلامي والرأي العام الفاضل كلها تساعد في تنمية الأخلاق الإسلامية واكتسابها وترك الرذيل منها. وكذلك مجاهدة النفس (ضبط النفس) كما أسماها الغزالي رحمه اللهِ. وهي عملية مستمرة يحاول بها الفرد منع نفسه من الاستجابة للمنبهات الموجودة في البيئة بأفعال أو أقوال لا يرضى عنها.

ماهية السلوك الإنساني:

السلوك: هو أي فعل استجابي يمكن مشاهدته من الخارج هو عادة إما استجابة عددية أو عضلية[1] أو هو أي فعل يستجيب به الكائن الحي برمته لموقف ما استجابة واضحة العيان وتكون عضلية أو عددية أو هما معاً، وقد يستخدم لفظ السلوك للدلالة (علاوة على هذه الاستجابات الظاهرة) على العمليات النفسية الداخلية فيميز بين السلوك الصحيح Explicit والسلوك الضمني Implicit أو المضمر[2] ويرتكز السلوك البشري على أمرين:

(1) معجم، ص 29.

(2) نفس المصدر، ص 30.

الاول: هو الطبيعة التي يجبل عليها الإنسان أو ما يسمى بالفطرة تارة وبالغرائز تارة أخرى. فلقد علمنا القرآن ا لكريم بأن كل فرد منا له فطرته التي يولد عليها. والفطرة هي الطبيعة الأصلية لكل مولود، أي القابليات والميول الفطرية له، والقابليات والميول تبدأ بسيطة، فتتفاعل مع المحيط فتنمو في اتجاهات قد تكون صحيحة أو خاطئة، فالمولود يأتي إلى العالم وله الإمكانيات والمؤهلات للنمو والتطور حسب المؤثرات المحيطة به ومن هنا جاء تأكيد القرآن الكريم على التربية الخلقية، فالقرآن يؤكد على أن اللهِ سبحانه وهب الإنسان العقل كما وهبه قابلية التمييز بين الخير والشر، ويعتمد توجيه الطفل واستعماله في طريق الخير وليس في طريق الشر، على التربية الأخلاقية، وقد أشار اللهِ سبحانه وتعالى إلى الفطرة الأصلية للإنسان فقال (**فِطْرَةَ اللَّهِ الَّتِي فَطَرَ النَّاسَ عَلَيْهَا لَا تَبْدِيلَ لِخَلْقِ اللَّهِ**)[1].

الثاني: بالتربية والتطبع: وهي الطريقة التي يجاهد الإنسان بها غرائزه الحيوانية لتنقيتها فتصبح تصرفاته مقبولة من الناحية الشرعية والاجتماعية.

ولقد بين الباري عز وجل أن الإنسان يكتسب خبراته عن طريق التربية فقال: (**وَاللَّهُ أَخْرَجَكُم مِّن بُطُونِ أُمَّهَاتِكُمْ لاَ تَعْلَمُونَ شَيْئاً وَجَعَلَ لَكُمُ السَّمْعَ وَالأَبْصَارَ وَالأَفْئِدَةَ لَعَلَّكُمْ تَشْكُرُونَ**)[2].

وبين الخالق عز وجل أنه جعل للإنسان قابلية الاختيار فقال (**أَلَمْ نَجْعَل لَّهُ عَيْنَيْنِ * وَلِسَاناً وَشَفَتَيْنِ * وَهَدَيْنَاهُ النَّجْدَيْنِ**)[3].

وقال: (**إِنَّا هَدَيْنَاهُ السَّبِيلَ إِمَّا شَاكِراً وَإِمَّا كَفُوراً**)[4]. فبرغم ما منح اللهِ الإنسان من مواهب وقابليات، ومنحه عقلاً وإرادة ليمتحنه في هذا الوجود إلا أن الإنسان في نقاط ضعف، تلك التي يجب أن تتعرض للتربية الإسلامية فبالتربية ينجو المرء من

(1) الروم، 30.
(2) النحل، 78.
(3) البلد، 8-10.
(4) الإنسان، 3.

السقوط في الدنيا والآخرة، وقد وصف القرآن مواطن الضعف ويصف لها الدواء، ثم ترك للإنسان اختيار ذلك العلاج، فإن أخذ به نجا وإن أهمله عرض نفسه للسقوط.

السلوك الإنساني وليد الصفات المستقرة داخل النفس

لقد أورد الباري عز وجل في كتابه العزيز، صفات الإنسان كلها، الإيجابي منها والسلبي، فقال تعالى في طبيعة خلقه (**إِنَّا هَدَيْنَاهُ السَّبِيلَ إِمَّا شَاكِراً وَإِمَّا كَفُوراً**)[1]. وقال أيضا (**وَنَفْسٍ وَمَا سَوَّاهَا * فَأَلْهَمَهَا فُجُورَهَا وَتَقْوَاهَا * قَدْ أَفْلَحَ مَن زَكَّاهَا * وَقَدْ خَابَ مَن دَسَّاهَا**)[2]، إلا أن النفس البشرية تتميز بقابليتها للانحرافات السلوكية، فقال تعالى فيها (**إِنَّ النَّفْسَ لأَمَّارَةٌ بِالسُّوءِ إِلاَّ مَا رَحِمَ رَبِّيَ**)[3].

فالإنسان دون هداية من اللهِ وإيمان يدفعه لالتزام الخير وسلوكه، تطغى عليه الملامح السلبية والانحرافات السلوكية، ومن تلك مثلاً:

1. جحود الإنسان: قال تعالى (**وَإِذَا أَنْعَمْنَا عَلَى الإِنسَانِ أَعْرَضَ وَنَأَى بِجَانِبِهِ وَإِذَا مَسَّهُ الشَّرُّ فَذُو دُعَاءٍ عَرِيضٍ**)[4]. وقال (**فَإِذَا مَسَّ الإِنسَانَ ضُرٌّ دَعَانَا ثُمَّ إِذَا خَوَّلْنَاهُ نِعْمَةً مِّنَّا قَالَ إِنَّمَا أُوتِيتُهُ عَلَى عِلْمٍ**)[5]. ومن جحود الإنسان صده عن سبيل اللهِ وبغيه في الأرض فقال تعالى (**هُوَ الَّذِي يُسَيِّرُكُمْ فِي الْبَرِّ وَالْبَحْرِ حَتَّى إِذَا كُنتُمْ فِي الْفُلْكِ وَجَرَيْنَ بِهِم بِرِيحٍ طَيِّبَةٍ وَفَرِحُواْ بِهَا جَاءَتْهَا رِيحٌ عَاصِفٌ وَجَاءَهُمُ الْمَوْجُ مِن كُلِّ مَكَانٍ وَظَنُّواْ أَنَّهُمْ أُحِيطَ بِهِمْ دَعَوُاْ اللّهَ**

(1) الإنسان، 3 .
(2) الشمس، 7-10 .
(3) يوسف، 53.
(4) فصلت، 51.
(5) الزمر، 49.

مُخْلِصِينَ لَهُ الدِّينَ لَئِنْ أَنجَيْتَنَا مِنْ هَـذِهِ لَنَكُونَنَّ مِنَ الشَّاكِرِينَ * فَلَمَّا أَنجَاهُمْ إِذَا هُمْ يَبْغُونَ فِي الأَرْضِ بِغَيْرِ الْحَقِّ)[1].

2- حب الذات: وهذه ميزة أخرى من السلوكية المنحرفة للإنسان بينها اللهِ تعالى في مواضع عديدة -وليس حب الذات فقط وإنما ميل الإنسان إلى الشهوات وحب التفاخر والتكاثر في الأموال والأولاد. قال تعالى (زُيِّنَ لِلنَّاسِ حُبُّ الشَّهَوَاتِ مِنَ النِّسَاءِ وَالْبَنِينَ وَالْقَنَاطِيرِ الْمُقَنطَرَةِ مِنَ الذَّهَبِ وَالْفِضَّةِ وَالْخَيْلِ الْمُسَوَّمَةِ وَالأَنْعَامِ وَالْحَرْثِ)[2].

3- الإفراط في الحزن والفرح: وحيث أن الإنسان مأمور بشكر الخالق على ما ينعمه عليه وتقبل أقداره، إلا أن الإنسان يميل إلى الإفراط وعدم الاعتدال في الحزن أو الفرح، وفي ذلك خطورة بالغة، إذ ينسى العبد واجبه في الشكر لله، قال تعالى (وَإِذَا أَذَقْنَا النَّاسَ رَحْمَةً فَرِحُوا بِهَا وَإِن تُصِبْهُمْ سَيِّئَةٌ بِمَا قَدَّمَتْ أَيْدِيهِمْ إِذَا هُمْ يَقْنَطُونَ)[3].

4- التنصل من تبعة التصرفات: وفي محاولة التنصل من تبعة التصرفات إظهار لتبرير الأعمال السيئة أو إلقاء تبعتها على الغير. وقد طلب سبحانه وتعالى من الإنسان التثبت قبل الإقدام على أي عمل قد يكون من شأنه أن يقف المرء موقف التشكك ويلجئه إلى محاولة التبرير. قال تعالى (يَا أَيُّهَا الَّذِينَ آمَنُواْ إِذَا ضَرَبْتُمْ فِي سَبِيلِ اللّهِ فَتَبَيَّنُواْ وَلاَ تَقُولُواْ لِمَنْ أَلْقَى إِلَيْكُمُ السَّلاَمَ لَسْتَ مُؤْمِناً)[4]. وقال تعالى (حَتَّى إِذَا ادَّارَكُواْ فِيهَا جَمِيعاً قَالَتْ أُخْرَاهُمْ لأُولاَهُمْ رَبَّنَا هَـؤُلاءِ أَضَلُّونَا فَآتِهِمْ عَذَاباً ضِعْفاً مِّنَ النَّارِ)[5].

---

(1) يونس، 22-23.
(2) آل عمران، 14.
(3) الروم، 36.
(4) النساء، 94.
(5) الإعراف، 38.

5- التمسك بالعادات والتقاليد الموروثة: وليس كل قديم غير جدير بالاحترام، فهناك الكثير من الأمور التي لابد من التمسك بها وتقليدها، إلا أنه مع ذلك قد بين لنا القرآن نظرته التقدمية لكثير من الأمور التي يراها غير جديرة بالاحترام ومن تلك بعض المعتقدات القديمة الموروثة والتي تؤخر الإنسان وتعيق تقدمه وتصرفه عما يرضي الله سبحانه وتعالى. وقد أورد الباري عز وجل بعض الأمثلة عن التمسك بالتقاليد الذميمة فقال واصفاً بذلك آراء كثير من الأقوام:

فقيل لهود: (**أَجِئْتَنَا لِنَعْبُدَ اللَّهِ وَحْدَهُ وَنَذَرَ مَا كَانَ يَعْبُدُ آبَاؤُنَا**)[1].

وقيل لصالح: (**أَتَنْهَانَا أَن نَّعْبُدَ مَا يَعْبُدُ آبَاؤُنَا**)[2].

ولشعيب: (**أَصَلَوَاتُكَ تَأْمُرُكَ أَن نَّتْرُكَ مَا يَعْبُدُ ءابَاؤُنَا**)[3].

ولإبراهيم الخليل: (**بَلْ وَجَدْنَا آبَاءَنَا كَذَلِكَ يَفْعَلُونَ**)[4].

وقال تعالى للنبي محمد صلى الله عليه وسلك (**كَذَلِكَ مَا أَرْسَلْنَا مِن قَبْلِكَ فِي قَرْيَةٍ مِّن نَّذِيرٍ إِلاَّ قَالَ مُتْرَفُوهَا إِنَّا وَجَدْنَا آبَاءَنَا عَلَى أُمَّةٍ وَإِنَّا عَلَى آثَارِهِم مُّقْتَدُونَ**)[5].

وهكذا بين الله سبحانه وتعالى أن اتباع أي أمر لا يقتضيه العقل ينبغي ألا يكون.

6- ميل الإنسان إلى جانب القوي دائماً: ومن السلوكية المنحرفة للإنسان ميله إلى جانب القوي، حتى وإن كان ذلك القوي على خطأ. وكثير من هؤلاء ممن دعوا إلى الكفر وتعلقوا بالظلم فضيعوا العدل.

---

(1) الأعراف، 70.

(2) هود، 62.

(3) هود، 87.

(4) الشعراء، 74.

(5) الزخرف، 23.

الوحدة السادسة
الأخلاق والإيمان

المطلب الأول: الصفات الأخلاقية الملزمة للمؤمن
المطلب الثاني: علاقة الإيمان بالأخلاق

في هذه الوحدة سوف ندرس الارتباط الثابت بين النظام الأخلاقي بالإيمان حيث الإيمان هو التصديق بالقلب والإقرار باللسان والعمل بالأركان.. ولا شك أن العمل بالأركان تغشاها الاخلاق الإسلامية التي بدونها لا يكون عملاً يرتضيه الخالق.

وسنبين في هذه الوحدة الصفات الأخلاقية التي تلزم المؤمن ثم العلاقة التي ذكرناها بين الإيمان والأخلاق مدعمة بالآيات القرآنية.

الأخلاق والإيمان

يرتبط النظام الأخلاقي في القرآن بالإيمان[1] ارتباطاً وثيقاً بل لا يمكن فصم عرى أحدهما عن الآخر، لأن كلاً منهما له جذوره عن كل الأنظمة الأخرى، الاجتماعية والسياسية والتربوية والاقتصادية وغيرها.

وقد سبق أن عرفنا علم الأخلاق بأنه "علم يوضح معنى الخير والشر ويبين ما ينبغي أن تكون عليه معاملة الناس بعضهم بعضاً ويشرح الغاية التي ينبغي أن يقصدها الناس في أعمالهم وينير السبيل لعمل ما ينبغي".

أما (الإيمان): فهو التصديق بالقلب والإقرار باللسان والعمل بالأركان.. وأركان الإسلام كما هو معروف خمسة هي الشهادة والصلاة والصيام والزكاة والحج. ويضيف إليها بعضهم فرض الجهاد. وفي كل ركن من الأركان المذكورة باب واسع لممارسة الأخلاق القرآنية، ففي الصلاة يقول سبحانه وتعالى (**إِنَّ الصَّلَاةَ تَنْهَى عَنِ الْفَحْشَاءِ وَالْمُنكَرِ**) (العنكبوت، 45) فيتميز المصلي بابتعاده عن قول الفحش وأدائه والابتعاد عن المنكرات، وفرض الصيام يبعد المرء عن شهوات الدنيا ويعلمه الصبر على المصاعب والطاعة الكاملة لله سبحانه وتعالى.

وتأدية الزكاة لا بد وأن يكون عن إيمان ورغبة حتى لا يكون المال دولة بين الأغنياء من جانب وإحقاقاً للحق بإعادة المال إلى صاحبه الفقير، يقول اللهِ سبحانه وتعالى (**وَفِي أَمْوَالِهِمْ حَقٌّ لِّلسَّائِلِ وَالْمَحْرُومِ**) (الذاريات، 19)، ويقول تعالى (**وَلَـكِنَّ الْبِرَّ مَنْ آمَنَ بِاللّهِ وَالْيَوْمِ الآخِرِ وَالْمَلآئِكَةِ وَالْكِتَابِ وَالنَّبِيِّينَ وَآتَى الْمَالَ عَلَى حُبِّهِ ذَوِي الْقُرْبَى وَالْيَتَامَى وَالْمَسَاكِينَ وَابْنَ السَّبِيلِ وَالسَّآئِلِينَ وَفِي الرِّقَابِ**) (البقرة، 177).

(1) بمعنى العقيدة.

وفي الحج كثير من معاني الالتزام الخلقي، فيقول تعالى: (**فَلاَ رَفَثَ وَلاَ فُسُوقَ وَلاَ جِدَالَ فِي الْحَجِّ**) (البقرة، 197).

ويؤثر الإنسان أن تنتشر عقيدته وترتفع كلمة اللهِ على حياته ومتعته، فنراه يدفع بنفسه إلى ساحات الموت مجاهداً في سبيل اللهِ، وفي جهاده التزامات أخلاقية كثيرة منها ألا يقتل المسلم طفلاً أو امرأة ولا يحرق أو يقطع شجرة، وأن يعفو عند المقدرة وغير ذلك من المعاني الخلقية المهمة.

ونجد أن القرآن الكريم قد تناول العلاقة بين الإيمان والأخلاق بمطلبين:

الأول: الصفات الأخلاقية الملزمة للمؤمن، يجب أن يتحلى بها ليتميز عن غيره من الناس. ومن ذلك مثلاً:

1- المؤمن وجل إذا ما ذكر اسم اللهِ أمامه، فقال تعالى: (**إِنَّمَا الْمُؤْمِنُونَ الَّذِينَ إِذَا ذُكِرَ اللّهُ وَجِلَتْ قُلُوبُهُمْ وَإِذَا تُلِيَتْ عَلَيْهِمْ آيَاتُهُ زَادَتْهُمْ إِيمَاناً**) (الانفال، 2).

2- ويتوكل على اللهِ قال تعالى: (**وَعَلَى رَبِّهِمْ يَتَوَكَّلُونَ**) (الانفال، 2) .

3- الذين يقيمون الصلاة: قال تعالى: (**الَّذِينَ يُقِيمُونَ الصَّلاَةَ**) (الانفال، 3). ويقول تعالى: (**إِنَّمَا يُؤْمِنُ بِآيَاتِنَا الَّذِينَ إِذَا ذُكِّرُواْ بِهَا خَرُّواْ سُجَّداً**) (السجدة، 15).

4- المعرضون عن اللغو. فقال تعالى: (**قَدْ أَفْلَحَ الْمُؤْمِنُونَ * الَّذِينَ هُمْ فِي صَلاَتِهِمْ خَاشِعُونَ * وَالَّذِينَ هُمْ عَنِ اللَّغْوِ مُّعْرِضُونَ**) (المؤمنون، 1-3).

5- غير المقترفين لذنب الفحش: قال تعالى: (**وَالَّذِينَ هُمْ لِفُرُوجِهِمْ حَافِظُونَ * إِلاَّ عَلَى أَزْوَاجِهِمْ أَوْ مَا مَلَكَتْ أَيْمَانُهُمْ فَإِنَّهُمْ غَيْرُ مَلُومِينَ * فَمَنِ ابْتَغَى وَرَاءَ ذَلِكَ فَأُوْلَئِكَ هُمُ الْعَادُونَ**) (المؤمنون، 5-7) .

6- الحافظون لعهد اللهِ: فقال تعالى: (**وَالَّذِينَ هُمْ لِأَمَانَاتِهِمْ وَعَهْدِهِمْ رَاعُونَ**) (المؤمنون، 8).

7- غير المسرفين ولا المقترين: قال عز وجل: (**الَّذِينَ إِذَا أَنفَقُواْ لَمْ يُسْرِفُواْ وَلَمْ يَقْتُرُواْ وَكَانَ بَيْنَ ذَلِكَ قَوَاماً**) (الفرقان، 67).

8- الذي يمشي في الأرض هوناً: قال عز وجل: (**وَعِبَادُ الرَّحْمَنِ الَّذِينَ يَمْشُونَ عَلَى الأَرْضِ هَوْناً وَإِذَا خَاطَبَهُمُ الجَاهِلُونَ قَالُواْ سَلاَماً**) (الفرقان، 63).

9- غير المشركين بالخالق. قال تعالى: (**وَالَّذِينَ لاَ يَدْعُونَ مَعَ اللَّهِ إِلَهاً آخَرَ**) (الفرقان، 68).

10- الذين يحترمون الناس وحقهم في الحياة: قال تعالى: (**وَلاَ يَقْتُلُونَ النَّفْسَ الَّتِي حَرَّمَ اللَّهُ إِلاَّ بِالْحَقِّ**) (الفرقان، 68).

11- الممتنعون عن قول الزور: قال عز وجل: (**وَالَّذِينَ لاَ يَشْهَدُونَ الزُّورَ**) (الفرقان، 72).

12- غير المتكبرين: قال سبحانه: (**وَسَبَّحُواْ بِحَمْدِ رَبِّهِمْ وَهُمْ لاَ يَسْتَكْبِرُونَ**) (السجدة، 15).

13- البر فيقول تعالى: (**لَّيْسَ الْبِرَّ أَن تُوَلُّواْ وُجُوهَكُمْ قِبَلَ الْمَشْرِقِ وَالْمَغْرِبِ وَلَـكِنَّ الْبِرَّ مَنْ آمَنَ بِاللَّهِ وَالْيَوْمِ الآخِرِ**) (البقرة، 177).

14- المجاهد بنفسه وماله: فيقول تعالى: (**وَجَاهَدُواْ بِأَمْوَالِهِمْ وَأَنفُسِهِمْ فِي سَبِيلِ اللَّهِ أُوْلَـئِكَ هُمُ الصَّادِقُونَ**) (الحجرات، 15).

15- المحسن، قال تعالى: (**إِنَّ الْمُتَّقِينَ فِي جَنَّاتٍ وَعُيُونٍ * آخِذِينَ مَا آتَاهُمْ رَبُّهُمْ إِنَّهُمْ كَانُوا قَبْلَ ذَلِكَ مُحْسِنِينَ**) (الذاريات، 15-16).

16- المقيم الليل. قال عز وجل: (**كَانُواْ قَلِيلاً مِّن اللَّيْلِ مَا يَهْجَعُونَ**) (الذاريات،17)

17- الذي لا يسخر من غيره: (**يَاأَيُّهَا الَّذِينَ آمَنُواْ لاَ يَسْخَرْ قَوْمٌ مِّن قَوْمٍ عَسَى أَن يَكُونُواْ خَيْراً مِّنْهُمْ وَلاَ نِسَاءٌ مِّن نِّسَاءٍ عَسَى أَن يَكُنَّ خَيْراً مِّنْهُنَّ وَلاَ تَلْمِزُواْ أَنفُسَكُمْ وَلاَ تَنَابَزُواْ بِالأَلْقَابِ بِئْسَ الاسْمُ الْفُسُوقُ بَعْدَ الإِيمَانِ وَمَن لَّمْ يَتُبْ فَأُوْلَـئِكَ هُمُ الظَّالِمُونَ**) (الحجرات، 11).

18- الذي يشعر بأخوته المؤمنين: قال تعالى: (**إِنَّمَا الْمُؤْمِنُونَ إِخْوَةٌ فَأَصْلِحُواْ بَيْنَ أَخَوَيْكُمْ وَاتَّقُواْ اللَّهَ لَعَلَّكُمْ تُرْحَمُونَ**) (الحجرات، 10).

19- المؤثر على نفسه في سبيل اللهِ: قال عز وجل: (وَيُؤْثِرُونَ عَلَى أَنفُسِهِمْ وَلَوْ كَانَ بِهِمْ خَصَاصَةٌ وَمَن يُوقَ شُحَّ نَفْسِهِ فَأُوْلَئِكَ هُمُ الْمُفْلِحُونَ) (الحشر، 9).

20- الذي يتودد إلى المؤمنين فقط ولا يتودد أعداء اللهِ: قال تعالى: (لاَّ تَجِدُ قَوْماً يُؤْمِنُونَ بِاللَّهِ وَالْيَوْمِ الآخِرِ يُوَادُّونَ مَنْ حَادَّ اللَّهِ وَرَسُولَهُ وَلَوْ كَانُواْ آبَاءهُمْ أَوْ أَبْنَاءهُمْ أَوْ إِخْوَانَهُمْ أَوْ عَشِيرَتَهُمْ) (المجادلة، 22).

21- الذي لا يرتاب بإيمانه: قال تعالى: (إِنَّمَا الْمُؤْمِنُونَ الَّذِينَ آمَنُواْ بِاللَّهِ وَرَسُولِهِ ثُمَّ لَمْ يَرْتَابُواْ) (الحجرات، 15).

22- الذي يجعل حب اللهِ فوق كل شيء: قال الباري عز وجل: (وَمِنَ النَّاسِ مَن يَتَّخِذُ مِن دُونِ اللَّهِ أَندَاداً يُحِبُّونَهُمْ كَحُبِّ اللَّهِ وَالَّذِينَ آمَنُواْ أَشَدُّ حُبّاً لِّلَّهِ) (البقرة، 165).

الثاني: علاقة الإيمان بالأخلاق

مما يطلبه الخالق عز وجل من المؤمنين من صفات عليهم أن يلتزموا بها ويطبقونها في حياتهم الدنيا ومن تلك الصفات:

1- العفة والاحتشام وغض البصر: قال تعالى: (قُل لِّلْمُؤْمِنِينَ يَغُضُّوا مِنْ أَبْصَارِهِمْ وَيَحْفَظُوا فُرُوجَهُمْ ذَلِكَ أَزْكَى لَهُمْ إِنَّ اللَّهَ خَبِيرٌ بِمَا يَصْنَعُونَ) (النور، 30).

2- الصدق: فقال تعالى: (يَا أَيُّهَا الَّذِينَ آمَنُواْ اتَّقُواْ اللَّهَ وَكُونُواْ مَعَ الصَّادِقِينَ) (التوبة، 119). وقال: (يَا أَيُّهَا الَّذِينَ آمَنُوا اتَّقُوا اللَّهَ وَقُولُوا قَوْلاً سَدِيداً) (الاحزاب، 70).

3- التحفظ في الأحكام: قال عز وجل: (يَا أَيُّهَا الَّذِينَ آمَنُوا اجْتَنِبُوا كَثِيراً مِّنَ الظَّنِّ إِنَّ بَعْضَ الظَّنِّ إِثْمٌ) (الحجرات، 12) وقال: (يَا أَيُّهَا الَّذِينَ آمَنُوا إِن جَاءكُمْ فَاسِقٌ بِنَبَأٍ فَتَبَيَّنُوا أَن تُصِيبُوا قَوْمًا بِجَهَالَةٍ فَتُصْبِحُوا عَلَى مَا فَعَلْتُمْ نَادِمِينَ) (الحجرات، 6).

4- الثبات والصبر، قال تعالى: (يَا أَيُّهَا الَّذِينَ آمَنُواْ اصْبِرُواْ وَصَابِرُواْ) (آل عمران،200).

5- القدوة الحسنة: قال تعالى: (يَا أَيُّهَا الَّذِينَ آمَنُوا كُونُوا أَنصَارَ اللَّهِ كَمَا قَالَ عِيسَى ابْنُ مَرْيَمَ لِلْحَوَارِيِّينَ مَنْ أَنصَارِي إِلَى اللَّهِ قَالَ الْحَوَارِيُّونَ نَحْنُ أَنصَارُ اللَّهِ) (الصف، 14).

6- الانتهاء عن القول المناقض للفعل: قال عز وجل: (يَأَيُّهَا الَّذِينَ امَنُواْ لِمَ تَقُولُونَ مَا لاَ تَفْعَلُونَ * كَبُرَ مَقْتاً عِندَ اللَّهِ أَن تَقُولُواْ مَا لاَ تَفْعَلُونَ) (الصف، 3) .

7- النهي عن تعاطي الخبائث: قال تعالى: (يَـأَيُّهَا الَّذِينَ آمَنُواْ إِنَّمَا الْخَمْرُ وَالْمَيْسِرُ وَالأَنصَابُ وَالأَزْلاَمُ رِجْسٌ مِّنْ عَمَلِ الشَّيْطَانِ فَاجْتَنِبُوهُ لَعَلَّكُمْ تُفْلِحُونَ) (المائدة، 90).

8- النهي عن تعاطي الكسب الخبيث: قال تعالى: (يَا أَيُّهَا الَّذِينَ آمَنُواْ لاَ تَأْكُلُواْ أَمْوَالَكُمْ بَيْنَكُمْ بِالْبَاطِلِ إِلاَّ أَن تَكُونَ تِجَارَةً عَن تَرَاضٍ مِّنكُمْ) (النساء، 29).

9- التمتع بالطيبات: قال عز وجل: (يَأَيُّهَا الَّذِينَ آمَنُواْ لاَ تُحَرِّمُواْ طَيِّبَاتِ مَا أَحَلَّ اللَّهِ لَكُمْ وَلاَ تَعْتَدُواْ إِنَّ اللَّهِ لاَ يُحِبُّ الْمُعْتَدِينَ * وَكُلُواْ مِمَّا رَزَقَكُمُ اللَّهِ حَلاَلاً طَيِّباً) (المائدة، 87-88).

10- وقاية النفس من الأفعال التي لا يرتضيها اللهِ: قال تعالى: (الَّذِينَ آمَنُواْ قُواْ أَنفُسَكُمْ وَأَهْلِيكُمْ نَاراً وَقُودُهَا النَّاسُ وَالْحِجَارَةُ) (التحريم، 6) .

11- العدل مع النساء: قال تعالى: (يَأَيُّهَا الَّذِينَ آمَنُواْ إِذَا نَكَحْتُمُ الْمُؤْمِنَاتِ ثُمَّ طَلَّقْتُمُوهُنَّ مِن قَبْلِ أَن تَمَسُّوهُنَّ فَمَا لَكُمْ عَلَيْهِنَّ مِنْ عِدَّةٍ تَعْتَدُّونَهَا فَمَتِّعُوهُنَّ وَسَرِّحُوهُنَّ سَرَاحاً جَمِيلاً) (الاحزاب، 49) .

12- حظر قتل الناس والاعتداء على النفس البشرية؟ قال عز وجل: (وَمَا كَانَ لِمُؤْمِنٍ أَن يَقْتُلَ مُؤْمِناً إِلاَّ خَطَئاً وَمَن قَتَلَ مُؤْمِناً خَطَئاً فَتَحْرِيرُ رَقَبَةٍ مُّؤْمِنَةٍ وَدِيَةٌ مُّسَلَّمَةٌ إِلَى أَهْلِهِ إِلاَّ أَن يَصَّدَّقُواْ) (النساء، 92) .

13- النهي عن تعاطي الربا: قال تعالى: (يَأَيُّهَا الَّذِينَ آمَنُواْ اتَّقُواْ اللَّهِ وَذَرُواْ مَا بَقِيَ مِنَ الرِّبَا إِن كُنْتُمْ مُّؤْمِنِينَ) (البقرة، 278).

14- النهي عن خيانة الأمانة: قال تعالى: (يَأَيُّهَا الَّذِينَ آمَنُواْ لاَ تَخُونُواْ اللَّهِ وَالرَّسُولَ وَتَخُونُواْ أَمَانَاتِكُمْ) (الانفال، 27).

15- النهي عن السخرية بالآخرين: قال تعالى: (يَأَيُّهَا الَّذِينَ امَنُواْ لاَ يَسْخَرْ قَوْمٌ مِّن قَوْمٍ عَسَى أَن يَكُونُواْ خَيْراً مِّنْهُمْ وَلاَ نِسَاءٌ مِّن نِّسَاءٍ عَسَى أَن يَكُنَّ خَيْراً مِّنْهُنَّ وَلاَ تَلْمِزُواْ

أَنفُسَكُمْ وَلاَ تَنَابَزُواْ بِالأَلْقَابِ بِئْسَ الاسْمُ الْفُسُوقُ بَعْدَ الإِيمَانِ وَمَن لَّمْ يَتُبْ فَأُوْلَئِكَ هُمُ الظَّالِمُونَ) (الحجرات، 11) .

16- الابتعاد عن الريبة: قال عز وجل: **(يَأَيُّهَا الَّذِينَ آمَنُواْ إِذَا تَدَايَنتُم بِدَيْنٍ إِلَى أَجَلٍ مُّسَمًّى فَاكْتُبُوهُ)** (البقرة، 282).

17- الوفاء بالعقود: قال تعالى: **(يَا أَيُّهَا الَّذِينَ آمَنُواْ أَوْفُواْ بِالْعُقُودِ)** (المائدة، 1) .

18- أداء الشهادة: قال تعالى: **(يَا أَيُّهَا الَّذِينَ آمَنُواْ كُونُواْ قَوَّامِينَ بِالْقِسْطِ شُهَدَاءِ لله وَلَوْ عَلَى أَنفُسِكُمْ أَوِ الْوَالِدَيْنِ وَالأَقْرَبِينَ إِن يَكُنْ غَنِيّاً أَوْ فَقَيراً فَاللَّهِ أَوْلَى بِهِمَا)** (النساء، 135).

19- إصلاح ذات البين: قال تعالى: **(يأَيُّهَا الَّذِينَ امَنُواْ لاَ يَسْخَرْ قَوْمٌ مِّن قَوْمٍ عَسَى أَن يَكُونُواْ خَيْراً مِّنْهُمْ وَلاَ نِسَاءٌ مِّن نِّسَاءٍ عَسَى أَن يَكُنَّ خَيْراً مِّنْهُنَّ وَلاَ تَلْمِزُواْ أَنفُسَكُمْ وَلاَ تَنَابَزُواْ بِالأَلْقَابِ بِئْسَ الاسْمُ الْفُسُوقُ بَعْدَ الإِيمَانِ وَمَن لَّمْ يَتُبْ فَأُوْلَئِكَ هُمُ الظَّالِمُونَ)** (الحجرات، 11).

20- المنفقون: **(يأَيُّهَا الَّذِينَ آمَنُواْ أَنفِقُواْ مِن طَيِّبَاتِ مَا كَسَبْتُمْ وَمِمَّا أَخْرَجْنَا لَكُم مِّنَ الأَرْضِ وَلاَ تَيَمَّمُواْ الْخَبِيثَ مِنْهُ تُنفِقُونَ وَلَسْتُم بِآخِذِيهِ إِلاَّ أَن تُغْمِضُواْ فِيهِ)** (البقرة، 267). وقال عز وجل **(يأَيُّهَا الَّذِينَ امَنُواْ أَنفِقُواْ مِمَّا رَزَقْنَاكُم مِّن قَبْلِ أَن يَأْتِيَ يَوْمٌ لاَّ بَيْعٌ فِيهِ وَلاَ خُلَّةٌ وَلاَ شَفَاعَةٌ)** (البقرة، 254). وقال: **(آمِنُواْ بِاللَّهِ وَرَسُولِهِ وَأَنفِقُواْ مِمَّا جَعَلَكُم مُّسْتَخْلَفِينَ فِيهِ فَالَّذِينَ آمَنُواْ مِنكُمْ وَأَنفَقُواْ لَهُمْ أَجْرٌ كَبِيرٌ)** (الحديد، 7).

21- الاستئذان قبل الدخول على الغير: قال تعالى: **(يأَيُّهَا الَّذِينَ امَنُواْ لاَ تَدْخُلُواْ بُيُوتاً غَيْرَ بُيُوتِكُمْ حَتَّى تَسْتَأْنِسُواْ وَتُسَلِّمُواْ عَلَى أَهْلِهَا ذَلِكُمْ خَيْرٌ لَّكُمْ لَعَلَّكُمْ تَذَكَّرُونَ)** (النور، 27).

22- خفض الصوت وعدم مناداة الكبار من الخارج: قال تعالى: **(يأَيُّهَا الَّذِينَ آمَنُواْ لاَ تَرْفَعُواْ أَصْوَاتَكُمْ فَوْقَ صَوْتِ النَّبِيِّ وَلاَ تَجْهَرُواْ لَهُ بِالْقَوْلِ كَجَهْرِ بَعْضِكُمْ لِبَعْضٍ أَن تَحْبَطَ أَعْمَالُكُمْ وَأَنتُمْ لاَ تَشْعُرُونَ)** (الحجرات، 2).

23-حسن الجلوس: قال تعالى: (**يأَيُّهَا الَّذِينَ امَنُواْ إِذَا قِيلَ لَكُمْ تَفَسَّحُواْ فِي الْمَجَالِسِ فَافسَحُواْ يَفْسَحِ اللَّهِ لَكُمْ وَإِذَا قِيلَ انشزُواْ فَانشُزُواْ**) (المجادلة، 11).

24-طاعة اللهِ والرسول: قال تعالى: (**يَا أَيُّهَا الَّذِينَ آمَنُواْ أَطِيعُواْ اللَّهِ وَأَطِيعُواْ الرَّسُولَ وَأُوْلِي الأَمْرِ مِنكُمْ فَإِن تَنَازَعْتُمْ فِي شَيْءٍ فَرُدُّوهُ إِلَى اللَّهِ وَالرَّسُولِ إِن كُنتُمْ تُؤْمِنُونَ بِاللَّهِ وَالْيَوْمِ الآخِرِ ذَلِكَ خَيْرٌ وَأَحْسَنُ تَأْوِيلاً**) (النساء، 59).

25-التشاور في القضايا العامة: قال عز وجل: (**وَأَمْرُهُمْ شُورَى بَيْنَهُمْ**) (الشورى، 38).

26-النهي عن اتخاذ أعداء اللهِ أولياء: قال تعالى: (**يأَيُّهَا الَّذِينَ آمَنُواْ لاَ تَتَّخِذُواْ عَدُوِّي وَعَدُوَّكُمْ أَوْلِيَاءَ تُلْقُونَ إِلَيْهِمْ بِالْمَوَدَّةِ**) (الممتحنة، 1) .

27- النهي عن الهروب أمام العدو: قال تعالى: (**يَاأَيُّهَا الَّذِينَ آمَنُواْ إِذَا لَقِيتُمُ الَّذِينَ كَفَرُواْ زَحْفاً فَلاَ تُوَلُّوهُمُ الأَدْبَارَ**) (الانفال، 15) .

28- النهي عن التصرف كالكفار في تثبيط عزائم المؤمنين: قال تعالى: (**يأَيُّهَا الَّذِينَ آمَنُواْ لاَ تَكُونُواْ كَالَّذِينَ كَفَرُواْ وَقَالُواْ لإِخْوَانِهِمْ إِذَا ضَرَبُواْ فِي الأَرْضِ أَوْ كَانُواْ غُزًّى لَّوْ كَانُواْ عِندَنَا مَا مَاتُواْ وَمَا قُتِلُواْ لِيَجْعَلَ اللَّهِ ذَلِكَ حَسْرَةً فِي قُلُوبِهِمْ وَاللَّهِ يُحْيِي وَيُمِيتُ وَاللَّهِ بِمَا تَعْمَلُونَ بَصِيرٌ**) (آل عمران، 156).

29- دوام ذكر اللهِ: قال عز وجل: (**يأَيُّهَا الَّذِينَ امَنُواْ اذْكُرُواْ اللَّهِ ذِكْراً كَثِيراً * وَسَبِّحُوهُ بُكْرَةً وَأَصِيلاً**) (الاحزاب، 41-42).

30- التوبة إلى اللهِ والتماس مغفرته: قال تعالى: (**وَتُوبُواْ إِلَى اللَّهِ جَمِيعاً أَيُّهَا الْمُؤْمِنُونَ لَعَلَّكُمْ تُفْلِحُونَ**) (النور، 31).

وهكذا يتبين ارتباط الأخلاق بالإيمان في القرآن الكريم، إذ أن عدم الالتزام بما يطلب الشارع من المؤمن التحلي به، سيخرجه من دائرة الإيمان، وكذلك فإن المرء الذي يريد أن يتصف بصفة الإيمان، لا بد له من التزام هذه المطالب الخلقية فأصبح كلا الأمرين، الأخلاق والإيمان متلازمين بالضرورة وصدق رسول اللهِ صلى اللهِ عليه وسلم إذ يقول: "أكمل المؤمنين إيماناً أحسنهم خلقاً" ففيه يربط

الرسول صلى اللَّهِ عليه وسلم ما بين النظامين رباطاً لا انفصام فيه. وحين سئلت السيدة عائشة رضي اللَّهِ عنها عن النبي صلى اللَّهِ عليه وسلم قالت: "كان خلقه القرآن".

الوحدة السابعة

الوسائل التربوية لنظام الأخلاق في القرآن الكريم

الوسائل التبصيرية.

الوسائل الوجدانية والعاطفية.

الوسائل الإرادية

في هذه الوحدة نعود إلى علاقة الأخلاق بالتربية الإسلامية. فتتناول فيها الوسائل التربوية لهذا النظام، ومن خلال القرآن الكريم.

سنبدأ أولاً بالوسائل التبصيرية التي تتأتى عن طريق التدبر والتفكر والتعقل وبما يترتب على الفعل من ارتكاب الخطايا والوقوع في الرذائل والتبصير بأن الفضيلة خير والرذيلة شر. وأخيراً بالموازين التي يعرف بها كل عمل وكل سلوك (سواء ضمن الطيبات أو الخبائث).

ونرى الوسائل الوجدانية التي تدور حول القلب أو العاطفة التي تحدث عن الاستعداد العقلي المكتسب المرتبط بموضوع ما حيث تدفع الإنسان ليأتي بفعل معين أو سلوك معين.

ثم نتناول الوسيلة الإرادية التي هي العملية النفسية التي ترمي إلى تكييف الاستجابة أو نهوض القلب في طلب الحق أو هي قوة نزوعية تتلقى أوامرها من القوى المدركة أو النظرية مدعمة بالآيات القرآنية.

الوسائل التربوية لنظام الأخلاق في القرآن الكريم:

الوسائل التبصيرية:

أولاً: التبصير عن طريق التدبر والتفكر والتعقل فقال تعالى: (**كِتَابٌ أَنزَلْنَاهُ إِلَيْكَ مُبَارَكٌ لِّيَدَّبَّرُوا آيَاتِهِ وَلِيَتَذَكَّرَ أُوْلُو الأَلْبَابِ**) (ص، 29). وقال: (**أَفَلاَ يَتَدَبَّرُونَ الْقُرْآنَ أَمْ عَلَى قُلُوبٍ أَقْفَالُهَا**) (محمد، 24). وقال : (**أَفَلَمْ يَسِيرُوا فِي الأَرْضِ فَتَكُونَ لَهُمْ قُلُوبٌ يَعْقِلُونَ بِهَا أَوْ آذَانٌ يَسْمَعُونَ بِهَا فَإِنَّهَا لاَ تَعْمَى الأَبْصَارُ وَلَكِن تَعْمَى الْقُلُوبُ الَّتِي فِي الصُّدُورِ**) (الحج، 46).

ثانياً: التبصير بما يترتب على الفعل من ارتكاب الخطايا والوقوع في الرذائل قال تعالى: (**وَلَقَدْ أَهْلَكْنَا الْقُرُونَ مِن قَبْلِكُمْ لَمَّا ظَلَمُوا وَجَاءَتْهُمْ رُسُلُهُم بِالْبَيِّنَاتِ وَمَا كَانُوا لِيُؤْمِنُوا كَذَلِكَ نَجْزِي الْقَوْمَ الْمُجْرِمِينَ**) (يونس، 13). وقال: (**فَتِلْكَ بُيُوتُهُمْ خَاوِيَةً بِمَا ظَلَمُوا إِنَّ فِي ذَلِكَ لآيَةً لِّقَوْمٍ يَعْلَمُونَ**) (النمل، 52). وقال جل شأنه: (**فَأَمَّا ثَمُودُ فَأُهْلِكُوا بِالطَّاغِيَةِ * وَأَمَّا عَادٌ فَأُهْلِكُوا بِرِيحٍ صَرْصَرٍ عَاتِيَةٍ**) (الحاقة، 5-6).. وقال تعالى: (**كَذَلِكَ حَقَّتْ كَلِمَةُ رَبِّكَ عَلَى الَّذِينَ فَسَقُوا**) (يونس، 33).

ثالثاً: التبصير بأن الفضيلة خير والرذيلة شر وذلك بأن تكشف مدى ما في كل مبدأ من المبادئ الأخلاقية الفاضلة من خيرات تعود على نفس الفرد والمجتمع من منافع وقيم مختلفة وكشف مدى ما تعود به الرذائل من شرور على الإنسان والمجتمع، قال تعالى: (**مَّا كَانَ اللَّهُ لِيَذَرَ الْمُؤْمِنِينَ عَلَى مَا أَنتُمْ عَلَيْهِ حَتَّى يَمِيزَ الْخَبِيثَ مِنَ الطَّيِّبِ**) (آل عمران، 179) .

ثم طلب من الناس أن يتبصروا ليعرفوا مدى الفرق بين الطيب والخبيث فقال: (**قُل لاَّ يَسْتَوِي الْخَبِيثُ وَالطَّيِّبُ وَلَوْ أَعْجَبَكَ كَثْرَةُ الْخَبِيثِ فَاتَّقُواْ اللّهَ يَأُوْلِي الأَلْبَابِ لَعَلَّكُمْ تُفْلِحُونَ**)[1].

إن بيان المبادئ الخلقية الإسلامية تساعد على إنعاش الحياة الإنسانية وأن الفضائل كلها تساعد على إنعاش الحياة الإنسانية، وأن الرذائل إهدار لهذه الحياة وإفساد لها لذلك حرم اللهِ الرذائل لخبائثها وأحل الفضائل وأمر بها لطيبتها وخيرها ونفعها فقال تعالى: (**يَأْمُرُهُم بِالْمَعْرُوفِ وَيَنْهَاهُمْ عَنِ الْمُنكَرِ وَيُحِلُّ لَهُمُ الطَّيِّبَاتِ وَيُحَرِّمُ عَلَيْهِمُ الْخَبَائِثَ**)[2].

رابعاً: التبصير بالموازين التي يعرف بها كل عمل وكل سلوك إن كان يقع ذلك ضمن الطيبات أو الخبائث. فإذا اجتمع في أمر فيه نفع وضرر مثلاً وضررهُ أكثر من نفعِهِ فهو يدخل في الخبائث أو الرذائل، وإذا كان نفعه أكثر من ضرره فهو يدخل في الطيبات. قال تعالى: (**يَسْأَلُونَكَ عَنِ الْخَمْرِ وَالْمَيْسِرِ قُلْ فِيهِمَا إِثْمٌ كَبِيرٌ وَمَنَافِعُ لِلنَّاسِ وَإِثْمُهُمَا أَكْبَرُ مِن نَّفْعِهِمَا**)[3] حيث أن شرب الخمرة فيه خسائر مالية وضياع العقل وما يترتب عليه من ارتكاب الجرائم التي خبرناها كثيراً فيما نسمعه أو نراها في البلدان الغربية.

خامساً: التبصير بطريقة تحكم العقل وتحكمه بالنوازع البشرية والتذكير بالالتجاء إلى اللهِ إذا وسوس إليه الشيطان بأمر رذيلة فقال تعالى: (**وَإِماَّ يَنزَغَنَّكَ مِنَ الشَّيْطَانِ نَزْغٌ فَاسْتَعِذْ بِاللّهِ إِنَّهُ سَمِيعٌ عَلِيمٌ * إِنَّ الَّذِينَ اتَّقَواْ إِذَا مَسَّهُمْ طَائِفٌ مِّنَ الشَّيْطَانِ تَذَكَّرُواْ فَإِذَا هُم مُّبْصِرُونَ**)[4].

(1) المائدة، 100.
(2) الأعراف، 157.
(3) البقرة، 219.
(4) الأعراف، 200-201 .

أو إبعاد النظر عما يثير الشهوات فقال تعالى: **(قُلْ لِلْمُؤْمِنِينَ يَغُضُّواْ مِنْ أَبْصَارِهِمْ وَيَحْفَظُواْ فُرُوجَهُمْ ذَلِكَ أَزْكَى لَهُمْ إِنَّ اللّهِ خَبِيرٌ بِمَا يَصْنَعُونَ وَقُل لِّلْمُؤْمِنَاتِ يَغْضُضْنَ مِنْ أَبْصَارِهِنَّ وَيَحْفَظْنَ فُرُوجَهُنَّ وَلاَ يُبْدِينَ زِينَتَهُنَّ إِلاَّ مَا ظَهَرَ مِنْهَا)**[1].

وقد أمر الإسلام بالابتعاد عن مواقع الرذيلة وأن يستخدم الإنسان عقله ويتملك إرادته للوقوف بوجه تلك الرذائل فقال: **(وَاللّهِ يُرِيدُ أَن يَتُوبَ عَلَيْكُمْ وَيُرِيدُ الَّذِينَ يَتَّبِعُونَ الشَّهَوَاتِ أَن تَمِيلُواْ مَيْلاً عَظِيماً * يُرِيدُ اللّهِ أَن يُخَفِّفَ عَنكُمْ وَخُلِقَ الإِنسَانُ ضَعِيفاً)**[2].

وقد بين اللهِ سبحانه أن المتحكم بإرادته قد أوتي من اللهِ خيراً فقال: **(وَمَن يُؤْتَ الْحِكْمَةَ فَقَدْ أُوتِيَ خَيْراً كَثِيراً)**[3].

وقد أمرنا اللهِ سبحانه وتعالى بالابتعاد عن اتباع الهوى وقرناء السوء فقال: **(وَلاَ تَتَّبِعِ الْهَوَى فَيُضِلَّكَ عَن سَبِيلِ اللَّهِ)**[4] ثم قال: **(وَلاَ تُطِعْ مَنْ أَغْفَلْنَا قَلْبَهُ عَن ذِكْرِنَا وَاتَّبَعَ هَوَاهُ)**[5].

وقال: **(وَلَوِ اتَّبَعَ الْحَقُّ أَهْوَاءهُمْ لَفَسَدَتِ السَّمَاوَاتُ وَالْأَرْضُ وَمَن فِيهِنَّ)**[6].

وهكذا نجد أن الإسلام في التربية الأخلاقية القرآنية الخاصة بتكوين البصيرة بالوسائل التبصيرية يزود أتباعه بإمكانيات معنوية باستخدام وسائل مادية ومعنوية تجعلهم قادرين على تحكيم القوى العاقلة وتحكمها في سلوكهم في مختلف الظروف والأحوال دون أن يسقطوا في الرذيلة أسرى للقوى الأخرى[7].

---

(1) النور، 30-31.
(2) النساء، 27-28.
(3) البقرة، 261.
(4) ص، 26.
(5) الكهف، 28.
(6) المؤمنون، 71.
(7) راجع مقداد يالجن، التربية، ص 566.

الوسائل الوجدانية والعاطفية:

الحاسة الوجدانية حاسة أخلاقية غريزية أو حدسية، والعاطفة مكتسبة والحاستان مترابطتان، لأن الوسائل العاطفية، وسيلة للتنمية الوجدانية إلى جانب كونها طاقة أخلاقية[1].

أ. فتدور المعاني الوجدانية في نظر الإسلام حول القلب إذ هو "معدن التقوى والسكينة والوجل والأخبات واللين والطمأنينة والخشوع والتمحيص والطهارة، وقد وصف الرسول (ص) القلب وصفاً رائعاً بقوله: "ألا وأن في الجسد مضغة إذا صلحت صلح الجسد كله وإذا فسدت فسد الجسد كله ألا وهي القلب"[2]. وقد وصفه اللهِ سبحانه وتعالى وصفاً رائعاً بين أنه مركز الانفعالات النفسية كلها في الإنسان:

فالقلب ترجع إليه الطمأنينة فقال تعالى: **(لِّيَطْمَئِنَّ قَلْبِي)**[3] وقال: **(وَتَطْمَئِنَّ قُلُوبُنَا)**[4] والقلب مكان التقوى فقال: **(أُوْلَـئِكَ الَّذِينَ امْتَحَنَ اللَّـهِ قُلُوبَهُمْ لِلتَّقْوَى)**[5] وهو مكان الطهارة فقال تعالى: **(ذَلِكُمْ أَطْهَرُ لِقُلُوبِكُمْ)**[6].

وهو مكان حفظ الأسرار فقال: **(لِيُمَحِّصَ مَا فِي قُلُوبِكُمْ)**[7].

---

(1) انظر بيان الفرق بين الصدر والقلب والفؤاد واللب (ص، 53-54) للحكيم الترمذي راجع يالجن، تربية (ص، 574).

(2) فتح الباري بشرح البخاري- كتاب الإيمان (1/ 134) وانظر يالجن، تربية، ص 574.

(3) البقرة، 260.

(4) المائدة، 113.

(5) الحجرات، 3.

(6) الأحزاب، 53.

(7) آل عمران، 154.

وهو مكان انفعال الخوف، قال تعالى: (وَقُلُوبُهُمْ وَجِلَةٌ)[1] وقال: (وَجِلَتْ قُلُوبُهُمْ)[2].

وهو مكان الأخبات (فَتُخْبِتَ لَهُ قُلُوبُهُمْ)[3] وقال: (ثُمَّ تَلِينُ جُلُودُهُمْ وَقُلُوبُهُمْ إِلَى ذِكْرِ اللَّهِ)[4].

وهو مركز الانفعالات فقال تعالى: (فِي قُلُوبِهِمْ مَرَضٌ)[5] وقال: (وَارْتَابَتْ قُلُوبُهُمْ)[6].

وهو مرجع المسؤولية فقال: (وَلَكِنْ يُؤَاخِذُكُمْ بِمَا كَسَبَتْ قُلُوبُكُمْ)[7].

وقال: (إِلَّا مَنْ أُكْرِهَ وَقَلْبُهُ مُطْمَئِنٌّ بِالإِيمَانِ)[8].

فالقلب إذن غريزة الأخلاق في الإنسان في نظر الإسلام غير أن هذه الغريزة الأخلاقية تختلف باختلاف الناس واختلاف العوامل المؤثرة فيها.

وحيث أن (الوجدان) هو جوهر الشعور الأخلاقي كما رأينا – وأن إليه ترجع جميع الارتكاسات الأخلاقية كما ترجع إليه جميع الانفعالات الاخلاقية أيضاً لذلك فقد بين القرآن الكريم طرقاً أو وسائل للتربية الوجدانية وذلك في الوقاية مما يشوه الوجدان ويضعف حساسيته الأخلاقية وحيويته الدافعة إلى الفضيلة. وكذلك بالندم والتوبة والتكفيرات والصلوات واتباع السنة الحسنة. قال تعالى: (إِنَّ الْحَسَنَاتِ

---

(1) المؤمنون، 60.
(2) الانفال، 2.
(3) الحج، 54.
(4) الزمر، 23.
(5) البقرة، 10.
(6) التوبة، 45.
(7) البقرة، 225.
(8) النحل، 106.

يُذْهِبْنَ السَّيِّئَاتِ ذَلِكَ ذِكْرَى لِلذَّاكِرِينَ)[1] وقال: (**وَالَّذِينَ صَبَرُواْ ابْتِغَاءَ وَجْهِ رَبِّهِمْ وَأَقَامُواْ الصَّلاَةَ وَأَنفَقُواْ مِمَّا رَزَقْنَاهُمْ سِرّاً وَعَلاَنِيَةً وَيَدْرَءُونَ بِالْحَسَنَةِ السَّيِّئَةَ أُوْلَئِكَ لَهُمْ عُقْبَى الدَّارِ)**[2].

ويشير اللهِ سبحانه وتعالى إلى التوبة وإلى المزيد من الأعمال الصالحة ووعد من يفعل ذلك بأن يبدل سيئاته حسنات فقال (**إِلاَّ مَن تَابَ وَآمَنَ وَعَمِلَ عَمَلاً صَالِحاً فَأُوْلَئِكَ يُبَدِّلُ اللَّهِ سَيِّئَاتِهِمْ حَسَنَاتٍ وَكَانَ اللَّهِ غَفُوراً رَّحِيماً)**[3].

وكذلك بممارسة الفضائل والمراقبة الدائمة لأعمال القلب ومحاسبتها، فقد دعا الإسلام إلى محاسبة النفس لما يدور فيها من النيات السيئة والوساوس الشيطانية لتطهير النفس منها فقال تعالى: (**إِن تُبْدُواْ مَا فِي أَنفُسِكُمْ أَوْ تُخْفُوهُ يُحَاسِبْكُم بِهِ اللَّهِ)**[4] وقال: (**وَلَقَدْ خَلَقْنَا الإِنسَانَ وَنَعْلَمُ مَا تُوَسْوِسُ بِهِ نَفْسُهُ وَنَحْنُ أَقْرَبُ إِلَيْهِ مِنْ حَبْلِ الْوَرِيدِ * إِذْ يَتَلَقَّى الْمُتَلَقِّيَانِ عَنِ الْيَمِينِ وَعَنِ الشِّمَالِ قَعِيدٌ * مَّا يَلْفِظُ مِن قَوْلٍ إِلاَّ لَدَيْهِ رَقِيبٌ عَتِيدٌ)**[5].

ب. أما العاطفة فهي استعداد عقلي مكتسب يؤدي إلى دفع الكائن الحي للقيام بأنواع من السلوك ترتبط بهذا الموضوع[6] وعرفها بعضهم بأنها "عبارة عن اتجاه وجداني نحو موضوع بعينه مكتسبة بالخبرة والتعلم"[7].

أما العاطفة الأخلاقية فهي تكوين نفسي مكتسب نحو المبادئ الأخلاقية بحيث يكون ذلك التكوين قوة دافعة وزاجرة في آن واحد تدفع الإنسان إلى المشاركة القلبية النفسية مع المبادئ الأخلاقية الحميدة، ثم تدفعه إلى السلوك

---

(1) هود، 114.
(2) الرعد، 22.
(3) الفرقان، 70.
(4) البقرة، 284.
(5) ق، 16-18.
(6) علم النفس أسسه وتطبيقاته التربوية، ص 226، وانظر يالجن تربية ص 587.
(7) د. مصطفى فهمي الصحة النفسية، ص 282، وانظر يالجن تربية، ص 588.

الإيجابي بموجبها وتزجره من جهة أخرى من التعاطف مع الأخلاقية الرذيلة ثم تدفعه إلى الوقوف منها موقفاً سلبياً دائماً[1].

ويمكن ربط الوسائل التي شرعها الإسلام لتكوين عاطفة الحب للفضائل والكره للرذائل بتوجيه المحبة لله وربط هذه المحبة بالقوانين الأخلاقية باعتبارها أوامر صادرة من اللهِ لخير العباد. قال تعالى: (**قُلْ إِن كُنتُمْ تُحِبُّونَ اللّهَ فَاتَّبِعُونِي يُحْبِبْكُمُ اللّهُ**)[2] وقال تعالى: (**وَأَحْسِنُوَاْ إِنَّ اللّهَ يُحِبُّ الْمُحْسِنِينَ**)[3] وقال: (**مَثَلُ الَّذِينَ يُنفِقُونَ أَمْوَالَهُمُ ابْتِغَاءَ مَرْضَاتِ اللّهِ وَتَثْبِيتاً مِّنْ أَنفُسِهِمْ كَمَثَلِ جَنَّةٍ بِرَبْوَةٍ أَصَابَهَا وَابِلٌ فَآتَتْ أُكُلَهَا ضِعْفَيْنِ**)[4].

ومن مظاهر حب اللهِ التسليم لحكمه فقال تعالى: (**إِنِ الْحُكْمُ إِلاَّ لله يَقُصُّ الْحَقَّ وَهُوَ خَيْرُ الْفَاصِلِينَ**)[5].

ومن الوسائل العاطفية الأخلاقية المهمة الترغيب والترهيب لتكوين عاطفة الخوف من الرذائل والرغبة في الفضائل. فمن وسائل الترهيب قوله تعالى: (**وَاللاَّتِي تَخَافُونَ نُشُوزَهُنَّ فَعِظُوهُنَّ وَاهْجُرُوهُنَّ فِي الْمَضَاجِعِ وَاضْرِبُوهُنَّ فَإِنْ أَطَعْنَكُمْ فَلاَ تَبْغُواْ عَلَيْهِنَّ سَبِيلاً**)[6].

وكذلك قوله: (**الزَّانِيَةُ وَالزَّانِي فَاجْلِدُوا كُلَّ وَاحِدٍ مِّنْهُمَا مِئَةَ جَلْدَةٍ وَلاَ تَأْخُذْكُم بِهِمَا رَأْفَةٌ فِي دِينِ اللَّهِ إِن كُنتُمْ تُؤْمِنُونَ بِاللَّهِ وَالْيَوْمِ الآخِرِ وَلْيَشْهَدْ عَذَابَهُمَا طَائِفَةٌ مِّنَ الْمُؤْمِنِينَ**)[7].

(1) يالجن، تربية، ص 588.
(2) آل عمران، 31.
(3) البقرة، 195.
(4) البقرة، 265.
(5) الأنعام، 57.
(6) النساء، 34.
(7) النور، 2.

ومن وسائل الترهيب التذكير بعقوبة الآخرة، فقال تعالى: (قُلْ إِنِّي أَخَافُ إِنْ عَصَيْتُ رَبِّي عَذَابَ يَوْمٍ عَظِيمٍ)[1]، وقال: (وَعَدَ اللَّهِ الْمُنَافِقِينَ وَالْمُنَافِقَاتِ وَالْكُفَّارَ نَارَ جَهَنَّمَ خَالِدِينَ فِيهَا هِيَ حَسْبُهُمْ وَلَعَنَهُمُ اللَّهِ وَلَهُمْ عَذَابٌ مُّقِيمٌ)[2].

ومن أمثلة الترغيب قوله تعالى: (رَّبَّنَا إِنَّنَا سَمِعْنَا مُنَادِياً يُنَادِي لِلإِيمَانِ أَنْ آمِنُواْ بِرَبِّكُمْ فَآمَنَّا رَبَّنَا فَاغْفِرْ لَنَا ذُنُوبَنَا وَكَفِّرْ عَنَّا سَيِّئَاتِنَا وَتَوَفَّنَا مَعَ الأبْرَارِ * رَبَّنَا وَآتِنَا مَا وَعَدتَّنَا عَلَى رُسُلِكَ وَلاَ تُخْزِنَا يَوْمَ الْقِيَامَةِ إِنَّكَ لاَ تُخْلِفُ الْمِيعَادَ * فَاسْتَجَابَ لَهُمْ رَبُّهُمْ أَنِّي لاَ أُضِيعُ عَمَلَ عَامِلٍ مِّنكُم مِّن ذَكَرٍ أَوْ أُنثَى)[3] وقال تعالى: (إِنَّا لَنَنصُرُ رُسُلَنَا وَالَّذِينَ آمَنُواْ فِي الْحَيَاةِ الدُّنْيَا وَيَوْمَ يَقُومُ الأَشْهَادُ)[4].

الأَشْهَادُ)[4].

ومن وسائل تكوين عاطفة الرغبة في الفضائل وتشجيع الإسلام الناس على الإحسان إلى المحسنين واحترامهم وتقديرهم لفضائهم بالوسائل المختلفة مثل المكافأة والثناء والشكر لفضلهم والدعاء لهم.

الوسائل الإرادية:

الإرادة لغة، المشيئة والقصد وحب الشيء والعناية به[5] وقيل هي النزوع والانقياد والميل والمحبة والقصد[6].

أما الإرادة في المصطلح فيتبع تعريفها المدرسة التي تستخدم هذا المصطلح، ففي علم النفس، هي العملية النفسية التي ترمي إلى تكييف الاستجابة

(1) الأنعام، 15.
(2) التوبة، 68.
(3) آل عمران، 193، 195.
(4) غافر، 51 .
(5) لسان العرب 4/ 171، وما بعدها وانظر يالجن تربية، 5.
(6) كشاف اصطلاح الفنون للتهانوي 3/ 32، وانظر يالجن، تربية، ص 615.

التي كان قد أدى الصراع القائم بين مجموعتين من الميول إلى أرجائها بترجيح كفة الميول التي تبدو في نظر الشخص أنها أسمى من غيرها[1].

وعند المتصوفة: فيعرفها الإمام القشيري بأنها (نهوض القلب في طلب الحق سبحانه)[2].

أما الجنيد فيقول بأن "الإرادة، أن يعتقد الإنسان الشيء ثم يعزم عليه ثم يريده. والإرادة بعد صدق النية"[3]. ويعرفها الهروي بقوله "الإرادة من قوانين هذا العلم وجوامع أبنيته وهو الإجابة لدواعي الحقيقة طوعاً"[4].

وعند المتكلمين، فإنهم عرفوا الإرادة بأنها ترجيح أحد مقدوريه على الآخر وتخصيصه بوجه دون وجه أو معنى يوجب هذا الترجيح[5].

أما الفلاسفة العقليين فقد عرفوا الإرادة بأنها قوة من القوى النزوعية الحركة التي تتلقى أوامرها من القوى المدركة أو النظرية أي القوى العقلية.

ومن تجميع هذه المصطلحات يتبين أن أهم الطاقات التي تزود الإرادة الأخلاقية بالقوى المحركة هي طاقة العناصر الاعتقادية والعاطفية والتبصيرية ثم التربية الإرادية الخاصة. "فالإرادة الأخلاقية بمثابة الشجرة الأخلاقية الثابتة في أرض القلب الإنساني. فبقدر ما تكون هذه الأرض صالحة، تمد الشجرة بالغذاء الحيوي بقدر ما تثمر هذه الشجرة، وإذا فسدت صلاحية هذه الأرض لهذه الزراعة جف الشجر وفسد الثمر"[6].

(1) د.يوسف مراد، مبادئ علم النفس العام، ص 343، وانظر يالجن تربية، ص 616.
(2) الرسالة القشيرية، ص 157، انظر يالجن، تربية، 616.
(3) كشاف اصطلاحات الفنون، التهانوري، 3/ 34.
(4) الهروي، منازل السائرين، ص 17، وانظر يالجن، تربية 616.
(5) كتاب اصطلاحات الفنون، التهانوي، 8/ 33، يالجن، تربية، 617.
(6) انظر يالجن، تربية/ 628.

وقد شجع الإسلام، الإنسان على أن تكون له إرادة أخلاقية وذلك بأن تكون للإرادة تلك الرغبة في الخير والبر، فقال تعالى: (**مَثَلُ الَّذِينَ يُنفِقُونَ أَمْوَالَهُمُ ابْتِغَاءَ مَرْضَاتِ اللَّهِ وَتَثْبِيتاً مِّنْ أَنفُسِهِمْ كَمَثَلِ جَنَّةٍ بِرَبْوَةٍ أَصَابَهَا وَابِلٌ فَآتَتْ أُكُلَهَا ضِعْفَيْنِ**)[1].

على أن لا يكون مع الرغبة تلك أية رذيلة أخلاقية كالرياء والمن والتكبر والافتخار، فقال تعالى: (**يَأَيُّهَا الَّذِينَ آمَنُواْ لاَ تُبْطِلُواْ صَدَقَاتِكُم بِالْمَنِّ وَالأَذَى كَالَّذِي يُنفِقُ مَالَهُ رِئَاءَ النَّاسِ**)[2].

وفي الحج مثلا آخر للإرادة الأخلاقية، فبقد ما يتحمل المرء من عناء السفر والبذل فإنه مكلف بترك نوازعه الفطرية وميوله عند تأدية الشعائر. قال تعالى: (**فَلاَ رَفَثَ وَلاَ فُسُوقَ وَلاَ جِدَالَ فِي الْحَجِّ**)[3] وذلك ما يساعده على التدرب على المشاق في الحياة.

كذلك في بقية الفروض، إذ أن الصلاة تدعو إلى ضبط النفس والتصرف بما يليق بمن يؤديها. فقال تعالى: (**إِنَّ الصَّلاَةَ تَنْهَى عَنِ الْفَحْشَاءِ وَالْمُنكَرِ**)[4] وقال: (**فَوَيْلٌ لِّلْمُصَلِّينَ * الَّذِينَ هُمْ عَن صَلاَتِهِمْ سَاهُونَ * الَّذِينَ هُمْ يُرَاءُونَ * وَيَمْنَعُونَ الْمَاعُونَ**)[5].

وفي الصيام، فإن إرادة الإنسان تقف دون فطرته للحصول على الغذاء إلا في الأوقات المباحة، وكذلك في بقية حاجاته الفطرية وفي الجهاد تتبلور الإرادة الاخلاقية، تلك التي بينها الخالق في أمره المسلمين بقوله: (**يَا أَيُّهَا الَّذِينَ آمَنُواْ اصْبِرُواْ**

(1) البقرة، 265.
(2) البقرة، 264.
(3) البقرة، 197.
(4) العنكبوت، 45 .
(5) الماعون، 4-7.

وَصَابِرُواْ وَرَابِطُواْ وَاتَّقُواْ اللّهَ لَعَلَّكُمْ تُفْلِحُونَ)[1]. فـ(اصْبِرُواْ) في البلاء، و(صَابِرُواْ) عن المعصية و(رَابِطُواْ) على الطاعة. وتلك إرادة أخلاقية تربوية عالية بطبيعة الحال.

ويستخدم القرآن الكريم في بعض الأحيان، الوسائل العاطفية لتقبيح الرذيلة وتنفير النفس الإنسانية منها فيقول تعالى: (وَلاَ تَجَسَّسُواْ وَلاَ يَغْتَب بَّعْضُكُم بَعْضاً أَيُحِبُّ أَحَدُكُمْ أَن يَأْكُلَ لَحْمَ أَخِيهِ مَيْتاً فَكَرِهْتُمُوهُ)[2]. ويقول: (وَلاَ تَقْرَبُواْ الزِّنَى إِنَّهُ كَانَ فَاحِشَةً وَسَاءَ سَبِيلاً)[3].

ويستخدم الوسائل الوجدانية -كما سبق أن بينا ذلك- في تربية الإرادة الأخلاقية.

فقال تعالى في دعوته إلى التوبة والندم: (إِنَّمَا التَّوْبَةُ عَلَى اللّهِ لِلَّذِينَ يَعْمَلُونَ السُّوءَ بِجَهَالَةٍ ثُمَّ يَتُوبُونَ مِن قَرِيبٍ فَأُوْلَـئِكَ يَتُوبُ اللّهُ عَلَيْهِمْ وَكَانَ اللّهُ عَلِيماً حَكِيماً * وَلَيْسَتِ التَّوْبَةُ لِلَّذِينَ يَعْمَلُونَ السَّيِّئَاتِ حَتَّى إِذَا حَضَرَ أَحَدَهُمُ الْمَوْتُ قَالَ إِنِّي تُبْتُ الآنَ)[4].

ويستخدم القرآن الكريم، وسائل نفسية شعورية إيحائية لتقوية الإرادة فمن مصادر الإيحاء الذاتي بالقوة والاعتزاز بالإيمان باللَّهِ يقول تعالى: (مَن كَانَ يُرِيدُ الْعِزَّةَ فَلِله الْعِزَّةُ جَمِيعاً إِلَيْهِ يَصْعَدُ الْكَلِمُ الطَّيِّبُ وَالْعَمَلُ الصَّالِحُ يَرْفَعُهُ وَالَّذِينَ يَمْكُرُونَ السَّيِّئَاتِ لَهُمْ عَذَابٌ شَدِيدٌ وَمَكْرُ أُوْلَئِكَ هُوَ يَبُورُ)[5].

ويؤكد اللَّهِ سبحانه وتعالى للمؤمنين بأن اللَّهِ ينصرهم ويعزهم فقال: (وَلَيَنصُرَنَّ اللَّهُ مَن يَنصُرُهُ إِنَّ اللَّهَ لَقَوِيٌّ عَزِيزٌ)[6].

(1) آل عمران، 200.
(2) الحجرات، 12 .
(3) الاسراء، 32 .
(4) النساء 17-18 .
(5) فاطر 10 .
(6) الحج 40 .

وقد أوعد اللهِ بالعذاب الذين يستضعفون أنفسهم من غير أن يكون فيهم ضعف طبيعي مثل المرض وما إلى ذلك فقال تعالى: (**إِنَّ الَّذِينَ تَوَفَّاهُمُ الْمَلآئِكَةُ ظَالِمِي أَنْفُسِهِمْ قَالُواْ فِيمَ كُنتُمْ قَالُواْ كُنَّا مُسْتَضْعَفِينَ فِي الأَرْضِ قَالْوَاْ أَلَمْ تَكُنْ أَرْضُ اللّهِ وَاسِعَةً فَتُهَاجِرُواْ فِيهَا فَأُوْلَـئِكَ مَأْوَاهُمْ جَهَنَّمُ وَسَاءتْ مَصِيراً * إِلاَّ الْمُسْتَضْعَفِينَ مِنَ الرِّجَالِ وَالنِّسَاء وَالْوِلْدَانِ لاَ يَسْتَطِيعُونَ حِيلَةً وَلاَ يَهْتَدُونَ سَبِيلاً**) (النساء، 97-98).

الوحدة الثامنة
نماذج من مبادئ الأخلاق الإسلامية

المطلب الثاني: الأخلاق الأسرية.

في هذه الوحدة:

سنتناول نماذج من القرآن والسنة لمبادئ الأخلاق الإسلامية.

فمن خلال القرآن الكريم سنتناول جملة من الأخلاق العامة والأخلاق الفردية والأسرية والاجتماعية.. إضافة إلى أخلاق الدولة الإسلامية. عن طريق الإشارة إلى الآيات القرآنية التي تبين ذلك.

وقد كررنا الكثير من المفردات التي ذكرها الحديث النبوي الشريف والتي تناولت بعضها ضمن الأخلاق العامة في القرآن لكريم كالتواضع والحياء. والحلم والتعاون والصدق والوفاء بالعهد وحسن الخلق. مما تبين أن السنة كما نعرف جاءت لتوضح ما أجمل في القرآن الكريم أو مفسرة له أو مكملة لبعض الجوانب التي لم يذكرها لأن السنة النبوية هي وحي يوحى كما يذكر لنا الباري عز وجل.

نماذج من مبادئ الأخلاق الإسلامية

نماذج عامة:

1- الحياء شعبة من الإيمان:

المسلم عفيف حيي، والحياء خلق له، "صدق رسول اللَّهِ صلى اللَّهِ عليه وسلم" "رواه البخاري" والحياء كما يقول رسول اللَّهِ صلى اللَّهِ عليه وسلم شعبة من الإيمان، والإيمان عقيدة المسلم وقوام حياته. والسر في أن الحياد شعبة من الإيمان. أن كلاً منهما داعٍ إلى الخير، صارف عن الشر، مبعد منه.

الإيمان يبعث المؤمن على فعل الطاعات وترك المعاصي، والحياء يمنع صاحبه من التقصير في الشكر لله، ومن التفريط في حق العباد، ويمنع عن فعل القبيح. ومن هنا صار الحياء خيراً لا يأتي إلا بالخير. قال صلى اللَّهِ عليه وسلم "الحياء لا يأتي إلا بخير" (رواه الشيخان).

وأسوة المسلم في هذا الخلق هو رسول اللَّهِ صلى اللَّهِ عليه وسلم. والمسلم إذ يدعو إلى المحافظة على خلق الحياء في الناس فإنه يدعو إلى الخير ويرشد إلى البر كما كان يفعل ذلك رسول اللَّهِ صلى اللَّهِ عليه وسلم وإن ضياع بعض حقوق المرء خير له في أن يفقد الحياء الذي هو جزء من إيمانه وميزة إنسانيته.

فقدت امرأة طفلها وراحت تسأل عنه هي منتقبة فعاب عليها أحدهم بأنها تسأل عن ولدها وهي منتقبة فسمعته فقالت: لأن ارزأ في ولدي خير من أن ارزأ في حيائي أيها الرجل".

والمسلم لا يقصر في حق وجب للناس عليه ولا ينكر معروفاً أسدوه إليه ولا يخاطبهم بسوء ولا يجابههم بمكروه. وأول من يستحي المرء منه هو الخالق عز وجل فلا يقصر في طاعته ولا في شكر نعمته يقول ابن مسعود -رحمه اللَّهِ-

"استحيوا في اللهِ حق الحياء فاحفظوا الرأس وما وعى، والبطن وما حوى، واذكروا الموت والعلى" أخرجه المنذر مرفوعاً رجح وقفه على ابن مسعود رضي اللهِ عنه.

والمسلم لا يكشف عن عورته، عن أبي هريرة رضي اللهِ عنه قال: "قلت يا رسول اللهِ عورتنا ما نأتي منها وما نذر؟ قال" احفظ عورتك إلا من زوجك، أو ما ملكت يمينك. قلت: يا نبي اللهِ: إذا كان القوم بعضهم في بعض؟ قال: إن استطعت أن لا يراها أحد فلا يرينها. قلت: إذا كان أحدنا خالياً؟ قال: فاللهِ أحق أن يستحيا منه من الناس".

2- التوكل على اللهِ والاعتماد على الناس:

التوكل على اللهِ فريضة دينية وعقيدة إسلامية لقوله تعالى: **(وَعَلَى اللَّهِ فَتَوَكَّلُوا إِن كُنتُم مُّؤْمِنِينَ)** (المائدة، 23) وقوله: **(وَعَلَى اللَّهِ فَلْيَتَوَكَّلِ الْمُؤْمِنُونَ)** (التوبة، 51). لهذا كان التوكل على اللهِ جزءاً من عقيدة المؤمن باللهِ تعالى.

والتوكل على اللهِ ليس كلمة تلوكها الألسن دون أن تعيها القلوب وتتحرك بها الشفاه، ولا هي كلمة لا تفهمها العقول أو تتزواها الأفكار، ولا هي نبذ للأسباب وترك العمل والقنوع والرضى بالهون والدون والرضا بما تجري به الأقدار.

ليس ذلك توكلاً. لأن التوكل جزء من الإيمان والعقيدة، ولا هي من الأعمال التي لا طاعة فيها. لأن على الإنسان المؤمن ألا يرجو نتيجة ما بدون أن يصنع مقدمتها. فلا يطمع بثمرة دون أن يقدم أسبابها وإنتاج تلك المقدمات يفوضه الخالق سبحانه وتعالى إذ هو القادر عليه دون سواه.

فالتوكل عند المسلم عمل وأمل وهدوء قلب وطمأنينة نفس واعتقاد جازم فما شاء اللهِ كان وما لم يشأ لم يكن، وأنه لا يضيع أجر من أحسن عملاً.

الإيمان بسنن اللهِ في الكون يجعل الإنسان مؤمناً في إعداد أسباب الأعمال المطلوبة, واستفراغ الجهد في إحضار تلك الأسباب وإكمالها والحصول على النتائج والفوز بالرغائب يوكل أمرها إلى اللهِ تعالى.

ومن هنا كانت نظرة المسلم إلى الأسباب، فترك الأسباب المطلوبة لأي عمل وإهمالها فسق ومعصية. وعلى الإنسان أن يستغفر اللَّهِ تعالى منها. وهو يستمد فلسفته هذه في روح إسلامه وتعاليم نبيه صلى اللَّهِ عليه وسلم فقد كان النبي صلى اللَّهِ عليه وسلم يعد العدة لكل شيء ويهيئ لها الأسباب. وبعد أن ينتهي في أمره يرفع يديه سائلاً اللَّهِ تعالى عز وجل "اللّهم منزل الكتاب ومجري السحاب وهازم الأحزاب، اهزمهم وانصرنا عليهم" فهو صلى اللَّهِ عليه وسلم يعلق أمر نجاحه في أي أمر على ربه وينيط فلاحه وفوزه بمشيئة اللَّهِ. فقد اتخذ صلى اللَّهِ عليه وسلم ترتيبات هجرته على النحو الآتي:

1- إحضار رفيق سفر له وهو أبو بكر رضي اللَّهِ عنه.
2- إعداد زاد سفره من طعام وشراب.
3- إعداد راحلة للسفر (للركوب عليها).
4- إحضاره دليلاً لسفره ليكون هادياً ودليلاً له على ذلك.
5- ترك ابن عمه علي بن أبي طالب رضي اللَّهِ عنه مكانه في فراشه ليخدع أعداء اللَّهِ عند خروجه.
6- إيوائه وصاحبه إلى غار حراء للاستتار عن أعين المطاردين له.
7- طمأنته لرفيق سفره قائلاً له: ما ظنك يا أبا بكر باثنين اللَّهِ ثالثهما. فنزل في ذلك قوله: "ثاني اثنين إذ هما في الغار إذ يقول لصاحبه لا تحزن إن اللَّهِ معنا".

هذا هو التوكل على اللَّهِ . أما الاعتماد على النفس فإن المسلم لا يفهم منه ما يفهمه المحجوبون بمعاصيهم عن أنفسهم في أنه عبارة عن قطع الصلة باللَّهِ تعالى وأن العبد هو الخالق لأعماله والمحقق لكسبه وأرباحه بنفسه وأنه لا دخل لله في ذلك، تعالى اللَّهِ عما يتصورون.

فالمسلم إذ يقول بوجوب الاعتماد على النفس في الكسب والعمل يريد بذلك أنه لا يظهر افتقاره إلى أحد غير اللَّهِ ولا يبدي احتياجه إلى غير مولاه. فإذا أمكنه

أن يقوم بنفسه على عمله فإنه لا يسنده إلى غيره وإذا تأتى له أن يسد حاجته بنفسه فلا يطلب معونة غيره ولا مساعدة أحد سوى اللهِ لما في ذلك من تعلق القلب بغير اللهِ، وهو ما لا يحبه المسلم ولا يرضاه.

والمسلم الذي يعيش على هذه العقيدة في التوكل على اللهِ والاعتماد على النفس بالمعنى الذي ذكرناه يغذي عقيدته هذه وينمي خلقه بإيراد خاطره على آيات اللهِ وأحاديث نبيه اللتين يشهد منهما عقيدته. قال تعالى: **(وَتَوَكَّلْ عَلَى الْحَيِّ الَّذِي لاَ يَمُوتُ)** (الفرقان، 58).

قال صلى اللهِ عليه وسلم: "لو أنكم تتوكلون على اللهِ حق توكله لرزقكم كما يرزق الطير تغدو خماصاً وتروح بطاناً (رواه الترمذي وحسنه). وقوله صلى اللهِ عليه وسلم إذا خرج من بيته "بسم اللهِ توكلت على اللهِ ولا حول ولا قوة إلا باللهِ".

3- العدل والاعتدال:

والعدل بمعناه العام من أوجب الواجبات وألزمها. قال تعالى: **(إِنَّ اللّهِ يَأْمُرُ بِالْعَدْلِ وَالإِحْسَانِ وَإِيتَاءِ ذِي الْقُرْبَى)** (النحل، 90) وقال: **(وَتقْسِطُواْ إليهم إِنَّ اللّهِ يُحِبُّ الْمُقْسِطِينَ)** (الممتحنة، 8) والقسط هو العدل.

قال تعالى: **(إِنَّ اللّهِ يَأْمُرُكُمْ أَن تُؤدُّواْ الأَمَانَاتِ إِلَى أَهْلِهَا وَإِذَا حَكَمْتُم بَيْنَ النَّاسِ أَن تَحْكُمُواْ بِالْعَدْلِ)** (النساء، 58) لهذا يعدل المسلم في قوله وحكمه ويتحرى العدل في كل شأنه، حتى يكون خلقاً له ووصفاً لا ينفك عنه، فتصدر عنه أقواله وأعماله العادلة البعيدة عن الحيف والظلم والجور، ويصبح بذلك عدلاً لا يميل به هوى ولا تجرفه شهوة أو دنيا.

وللعدل مظاهر كثيرة منها:

1- عدم الشرك باللهِ في عبادته وصفاته.

2- العدل بين الناس بإعطاء كل ذي حق حقه.

3- العدل في البيت (بين الزوجات والأولاد. وغيرها ولا يؤثر بعضهم بعضاً).

4- العدل في القول والابتعاد عن قول الزور والكذب والباطل.

5- العدل في الاعتقاد فلا يعتقد غير الحق.

والاعتدال أخو الاستقامة، وهو من أشرف الفضائل، إذ يوقف صاحبه دون حدود اللهِ فلا يتعداها، ولا يقصر في فرائض اللهِ أو يفرط في جزء من أجزائها، إذ هي التي تعلمه العفة فتكفيه ما أحل له اللهِ وتوقفه عما حرمه عليه.

ويكفي للمستقيم فخراً قوله تعالى: **(وَأَلَّوِ اسْتَقَامُواْ عَلَى الطَّرِيقَةِ لأَسْقَيْنَاهُم مَّاءً غَدَقاً)** (الجن، 16) وقوله تعالى: **(إِنَّ الَّذِينَ قَالُواْ رَبُّنَا اللَّهِ ثُمَّ اسْتَقَامُواْ فَلاَ خَوْفٌ عَلَيْهِمْ وَلاَ هُمْ يَحْزَنُونَ * أُوْلَـئِكَ أَصْحَابُ الْجَنَّةِ خَالِدِينَ فِيهَا جَزَاءً بِمَا كَانُواْ يَعْمَلُونَ)** (الأحقاف، 13-14).

4- الصدق:

فهو الذي يهدي إلى البر، والبر يهدي إلى الجنة، والكذب لا يهدي إلا إلى النار.

والصدق من متممات الإيمان ومكملات الإسلام لقوله تعالى: **(يَـأَيُّهَا الَّذِينَ آمَنُواْ اتَّقُواْ اللَّهِ وَكُونُواْ مَعَ الصَّادِقِينَ)** (التوبة، 119).

وقال: **(وَالَّذِي جَاءَ بِالصِّدْقِ وَصَدَّقَ بِهِ أُوْلَـئِكَ هُمُ الْمُتَّقُونَ)** (الزمر، 33) وقال صلى اللهِ عليه وسلم "عليكم بالصدق فإن الصدق يهدي إلى البر، وإن البر يهدي إلى الجنة، وما يزال الرجل يصدق ويتحرى الصدق حتى يكتب عند اللهِ صديقاً. وإياكم والكذب فإن الكذب يهدي إلى الفجور، وإن الفجور يهدي إلى النار وما يزال الرجل يكذب ويتحرى الكذب حتى يكتب عند اللهِ كذاباً (رواه مسلم) والمؤمن الصادق يجني من صدقه:

أ. راحة الضمير وطمأنينة النفس. قال صلى اللهِ عليه وسلم الصدق طمأنينة "الترمذي وصححه بلفظ" دع ما يريبك إلى ما لا يريبك فإن الصدق طمأنينة والكذب ريبة".

ب. الصدق يجني زيادة الخير والبركة في الكسب.

ج. الصادق يفوز بمنزلة الشهداء لقوله صلى اللهِ عليه وسلم "من سأل اللهِ الشهادة بصدق بلغه اللهِ منازل الشهداء وإن مات على فراشه". (أخرجه مسلم).

د. الصدق ينجي من المكاره.

ومن مظاهر الصادقين:

أ- احترام الناس له. لأن غير الصادق منافق قال صلى اللهِ عليه وسلم "آية المنافق ثلاث: إذا حدّث كذب وإذا وعد أخلف وإذا اؤتمن خان" (متفق عليه).

ب- صدق المعاملة فلا يغش الصادق ولا يخدع ولا يزور ولا يغرر.

ج- صدق العزم: فهو لا يتردد عن فعل ما ينبغي فعله.

د- صدق الوعد: فالصادق لا يخلف وعده.

هـ- صدق الحال.. فلا يرائي ولا يبطن ولا يلبس ثوب الزور.

5- التواضع وذم الكبر:

والمسلم يتواضع في غير ذلة ولا مهانة وفي تواضعه يرتفع ولا يتكبر لئلا يخفض. قال صلى اللهِ عليه وسلم "ما نقصت صدقة من مال وما زاد اللهِ عبداً بعفو إلا عزاً. وما تواضع أحد لله إلا رفعه اللهِ" (رواه مسلم) وقال صلى اللهِ عليه وسلم "حق على اللهِ أن لا يُرفع شيء من الدنيا إلا وضعه" (رواه البخاري).

قال تعالى: **(وَاخْفِضْ جَنَاحَكَ لِمَنِ اتَّبَعَكَ مِنَ الْمُؤْمِنِينَ)** (الشعراء، 215) وقال: **(وَلاَ تَمْشِ فِي الأَرْضِ مَرَحاً)** (لقمان، 18) وقال: **(تِلْكَ الدَّارُ الآخِرَةُ نَجْعَلُهَا لِلَّذِينَ لاَ يُرِيدُونَ عُلُوّاً فِي الأَرْضِ وَلاَ فَسَاداً)** (القصص، 83) وقال صلى اللهِ عليه وسلم: "إن اللهِ أوحى إلى أن تواضعوا حتى لا يفخر أحد على أحد ولا يبغي أحد على أحد" (رواه مسلم).

ومن مظاهر التواضع عند المؤمن:

1- تأخر الرجل عن أمثاله.
2- قيامه في مجلسه لذي علم وفضل وإجلاسه فيه.
3- قيامه للرجل العادي ببشر وطلاقة وتلطف وسعي في حاجته ولا يرى في نفسه خيراً منه.
4- زيارته لغيرة ممن هو دونه في الفضل.
5- الجلوس إلى الفقراء والمساكين والمرضى وأصحاب العاهات وإجابة طلباتهم والأكل معهم والمشي معهم في الطريق.
6- الأكل والشرب في غير إسراف.
7- اللبس في غير مخيلة.

6- الابتعاد عن الرياء:

المسلم لا يرائي، فالرياء نفاق وشرك والمسلم مؤمن موحد ولا يجوز أن يتنافى إيمانه وتوحيده مع الرياء والنفاق وهو يعلم أن اللهِ تعالى ورسول يكرهان الرياء والنفاق ويمقتانهما قال تعالى: (**فَوَيْلٌ لِّلْمُصَلِّينَ * الَّذِينَ هُمْ عَن صَلَاتِهِمْ سَاهُونَ * الَّذِينَ هُمْ يُرَاءُونَ * وَيَمْنَعُونَ الْمَاعُونَ**) (الماعون، 4-7).

قال صلى اللهِ عليه وسلم "إن أخوف ما أخاف عليكم الشرك الأصغر. قالوا: وما الشرك الأصغر يا رسول اللهِ؟ قال: الرياء، يقول اللهِ عز وجل يوم القيامة إذا جازى العباد بأعمالهم: اذهبوا إلى الذين كنتم تراءون في الدنيا فانظروا هل تجدون عندهم الجزاء" (رواه أحمد والطبراني والبيهقي).

وتعريف الرياء "إرادة العباد بطاعة المعبود عز وجل للحصول على الحظوة بينهم والمنزلة في قلوبهم.

وللرياء مظاهر منها:

أ. العبد يزيد في الطاعة إذا مدح وأثنى عليه فيها.وينقص منها أو يتركها إذا ذم عليها أو عيب فيها.

ب. أن ينشط في العبادة إذا كان مع الناس ويكسل عنها إذا كان وحده.
ج. لا يتصدق بالصدقة إلا حين يراه الناس.
د. أنه يريد الناس في طاعته ومعروفه ولا يبغي اللهَّ فيها[1].

نماذج من القرآن الكريم:

إن القرآن الكريم مليء بالنماذج الأخلاقية، وقد سبق أن ذكرنا بأن الأحكام والأنظمة الإسلامية كلها مرتبطة بالأخلاق فليست الأخلاق نظاماً مستقلاً بمعزل عن الأنظمة الأخرى، فإن كل الأنظمة الأخرى اقتصادية كانت أم سياسية، اجتماعية أم تربوية،مرتبطة بشكل أو بآخر بالنظام الأخلاقي، لأن الإسلام ما بعث إلا ليتمم مكارم الأخلاق ولا فكاك لحكم من الأحكام عنها.

وقد اتبع الأستاذ (دراز) في كتابه "دستور الأخلاق القرآنية" توزيعها للأمثلة الأخلاقية في القرآن الكريم من خلال الأحكام المختلفة التالية:

1- الأخلاق الفردية.
2- الأخلاق الأسرية.
3- الأخلاق الاجتماعية.
4- أخلاق الدولة.
5- أخلاق دينية عامة. مع أمثلة أخلاقية دينية عامة.

الأخلاق الفردية:

أ. في طهارة النفس: قال تعالى: (**وَنَفْسٍ وَمَا سَوَّاهَا * فَأَلْهَمَهَا فُجُورَهَا وَتَقْوَاهَا * قَدْ أَفْلَحَ مَن زَكَّاهَا * وَقَدْ خَابَ مَن دَسَّاهَا**)[2] وقال: (**اتْلُ عَلَيْهِمْ نَبَأَ إِبْرَاهِيمَ * إِذْ قَالَ لأَبِيهِ وَقَوْمِهِ مَا تَعْبُدُونَ * قَالُواْ نَعْبُدُ أَصْنَاماً فَنَظَلُّ لَهَا عَاكِفِينَ * قَالَ هَلْ يَسْمَعُونَكُمْ إِذْ تَدْعُونَ * أَوْ**

(1) انظر الترغيب في مكارم الأخلاق والترهيب في مساوئها، ص 9/ 77. بتصرف.
(2) الشمس، 7-10.

يَنفَعُونَكُمْ أَوْ يَضُرُّونَ * قَالُواْ بَلْ وَجَدْنَا آبَاءنَا كَذَلِكَ يَفْعَلُونَ * قَالَ أَفَرَأَيْتُم مَّا كُنتُمْ تَعْبُدُونَ * أَنتُمْ وَآبَاؤُكُمُ الْأَقْدَمُونَ * فَإِنَّهُمْ عَدُوٌّ لِّي إِلَّا رَبَّ الْعَالَمِينَ * الَّذِي خَلَقَنِي فَهُوَ يَهْدِينِ * وَالَّذِي هُوَ يُطْعِمُنِي وَيَسْقِينِ * وَإِذَا مَرِضْتُ فَهُوَ يَشْفِينِ * وَالَّذِي يُمِيتُنِي ثُمَّ يُحْيِينِ * وَالَّذِي أَطْمَعُ أَن يَغْفِرَ لِي خَطِيئَتِي يَوْمَ الدِّينِ * رَبِّ هَبْ لِي حُكْماً وَأَلْحِقْنِي بِالصَّالِحِينَ * وَاجْعَل لِّي لِسَانَ صِدْقٍ فِي الْآخِرِينَ * وَاجْعَلْنِي مِن وَرَثَةِ جَنَّةِ النَّعِيمِ * وَاغْفِرْ لِأَبِي إِنَّهُ كَانَ مِنَ الضَّالِّينَ * وَلَا تُخْزِنِي يَوْمَ يُبْعَثُونَ * يَوْمَ لَا يَنفَعُ مَالٌ وَلَا بَنُونَ * إِلَّا مَنْ أَتَى اللَّهَ بِقَلْبٍ سَلِيمٍ)[1].

ب.الاستقامة، قال تعالى: (قُلْ إِنَّمَا أَنَا بَشَرٌ مِّثْلُكُمْ يُوحَى إِلَيَّ أَنَّمَا إِلَهُكُمْ إِلَهٌ وَاحِدٌ فَاسْتَقِيمُوا إِلَيْهِ وَاسْتَغْفِرُوهُ)[2]. وقال عز وجل: (فَاسْتَقِمْ كَمَا أُمِرْتَ وَمَن تَابَ مَعَكَ)[3].

ج. العفة والاحتشام وغض البصر: قال تعالى: (قُل لِّلْمُؤْمِنِينَ يَغُضُّوا مِنْ أَبْصَارِهِمْ وَيَحْفَظُوا فُرُوجَهُمْ ذَلِكَ أَزْكَى لَهُمْ إِنَّ اللَّهَ خَبِيرٌ بِمَا يَصْنَعُونَ * وَقُل لِّلْمُؤْمِنَاتِ يَغْضُضْنَ مِنْ أَبْصَارِهِنَّ وَيَحْفَظْنَ فُرُوجَهُنَّ وَلَا يُبْدِينَ زِينَتَهُنَّ إِلَّا مَا ظَهَرَ مِنْهَا وَلْيَضْرِبْنَ بِخُمُرِهِنَّ عَلَى جُيُوبِهِنَّ وَلَا يُبْدِينَ زِينَتَهُنَّ إِلَّا لِبُعُولَتِهِنَّ أَوْ آبَائِهِنَّ أَوْ آبَاءِ بُعُولَتِهِنَّ أَوْ أَبْنَائِهِنَّ أَوْ أَبْنَاءِ بُعُولَتِهِنَّ أَوْ إِخْوَانِهِنَّ أَوْ بَنِي إِخْوَانِهِنَّ أَوْ بَنِي أَخَوَاتِهِنَّ أَوْ نِسَائِهِنَّ أَوْ مَا مَلَكَتْ أَيْمَانُهُنَّ أَوِ التَّابِعِينَ غَيْرِ أُوْلِي الْإِرْبَةِ مِنَ الرِّجَالِ أَوِ الطِّفْلِ الَّذِينَ لَمْ يَظْهَرُوا عَلَى عَوْرَاتِ النِّسَاءِ وَلَا يَضْرِبْنَ بِأَرْجُلِهِنَّ لِيُعْلَمَ مَا يُخْفِينَ مِن زِينَتِهِنَّ)[4].

د. التحكم في الأهواء: قال عز وجل: (وَلَا تَتَّبِعِ الْهَوَى فَيُضِلَّكَ عَن سَبِيلِ اللَّهِ)[5].

---

(1) الشعراء، 69-89 .
(2) فصلت، 6.
(3) هود، 112.
(4) النور، 30-31.
(5) ص، 26.

هـ. كظم الغيظ: قال تعالى: (**أُعِدَّتْ لِلْمُتَّقِينَ * الَّذِينَ يُنفِقُونَ فِي السَّرَّاءِ وَالضَّرَّاءِ وَالْكَاظِمِينَ الْغَيْظَ وَالْعَافِينَ عَنِ النَّاسِ وَاللَّهُ يُحِبُّ الْمُحْسِنِينَ**)[1].

و. الصدق: قال تعالى: (**يَاأَيُّهَا الَّذِينَ آمَنُواْ اتَّقُواْ اللَّهَ وَكُونُواْ مَعَ الصَّادِقِينَ**)[2].

ز. الرقة والتواضع: قال تعالى: (**وَاقْصِدْ فِي مَشْيِكَ وَاغْضُضْ مِن صَوْتِكَ إِنَّ أَنكَرَ الْأَصْوَاتِ لَصَوْتُ الْحَمِيرِ**)[3] والنهي عن التفاخر بالقدرة والعلم (غافر، 83) والنهي عن الحسد والطمع (النساء، 54) والنهي عن الزنا (الإسراء، 32) وفي تحريم الخمر والخبائث (المائدة، 90) والنهي عن تعاطي الكسب الخبيث (النساء، 29) وكذلك في إباحة الطيبات (البقرة، 122) والمخالفة بالاضطرار (البقرة، 173).

المطلب الثاني: الأخلاق الأسرية:

أ. الإحسان إلى الوالدين وذوي القربى: قال تعالى: (**وَبِالْوَالِدَيْنِ إِحْسَاناً وَذِي الْقُرْبَى**).[4]

ب.معاشرة الزوجة بالمعروف: قال عز وجل: (**وَعَاشِرُوهُنَّ بِالْمَعْرُوفِ فَإِن كَرِهْتُمُوهُنَّ فَعَسَى أَن تَكْرَهُواْ شَيْئاً وَيَجْعَلَ اللَّهُ فِيهِ خَيْراً كَثِيراً**).[5]

ج. الإمساك بالمعروف أو التسريح بالإحسان عند الطلاق الرجعي: قال تعالى: (**وَإِذَا طَلَّقْتُمُ النِّسَاءَ فَبَلَغْنَ أَجَلَهُنَّ فَأَمْسِكُوهُنَّ بِمَعْرُوفٍ أَوْ سَرِّحُوهُنَّ بِمَعْرُوفٍ وَلاَ**

---

(1) آل عمران، 133-134.
(2) التوبة، 119.
(3) لقمان، 19.
(4) البقرة، 83 .
(5) النساء، 19 .

تُمْسِكُوهُنَّ ضِرَاراً لِّتَعْتَدُواْ وَمَن يَفْعَلْ ذَلِكَ فَقَدْ ظَلَمَ نَفْسَهُ وَلاَ تَتَّخِذُوَاْ آيَاتِ اللّهِ هُزُواً وَاذْكُرُواْ نِعْمَةَ اللّهِ عَلَيْكُمْ وَمَا أَنزَلَ عَلَيْكُمْ مِّنَ الْكِتَابِ وَالْحِكْمَةِ يَعِظُكُم بِهِ).[1]

د. تحريم بعض العلاقات: قال تعالى: (حُرِّمَتْ عَلَيْكُمْ أُمَّهَاتُكُمْ وَبَنَاتُكُمْ وَأَخَوَاتُكُمْ وَعَمَّاتُكُمْ وَخَالاَتُكُمْ وَبَنَاتُ الأَخِ وَبَنَاتُ الأُخْتِ وَأُمَّهَاتُكُمُ اللاَّتِي أَرْضَعْنَكُمْ وَأَخَوَاتُكُم مِّنَ الرَّضَاعَةِ وَأُمَّهَاتُ نِسَآئِكُمْ وَرَبَائِبُكُمُ اللاَّتِي فِي حُجُورِكُم مِّن نِّسَآئِكُمُ اللاَّتِي دَخَلْتُم بِهِنَّ فَإِن لَّمْ تَكُونُواْ دَخَلْتُم بِهِنَّ فَلاَ جُنَاحَ عَلَيْكُمْ وَحَلاَئِلُ أَبْنَائِكُمُ الَّذِينَ مِنْ أَصْلاَبِكُمْ وَأَن تَجْمَعُواْ بَيْنَ الأُخْتَيْنِ إَلاَّ مَا قَدْ سَلَفَ إِنَّ اللّهَ كَانَ غَفُوراً رَّحِيماً * وَالْمُحْصَنَاتُ مِنَ النِّسَاءِ إِلاَّ مَا مَلَكَتْ أَيْمَانُكُمْ كِتَابَ اللّهِ عَلَيْكُمْ وَأُحِلَّ لَكُم مَّا وَرَاء ذَلِكُمْ أَن تَبْتَغُواْ بِأَمْوَالِكُم مُّحْصِنِينَ غَيْرَ مُسَافِحِينَ فَمَا اسْتَمْتَعْتُم بِهِ مِنْهُنَّ فَآتُوهُنَّ أُجُورَهُنَّ فَرِيضَةً وَلاَ جُنَاحَ عَلَيْكُمْ فِيمَا تَرَاضَيْتُم بِهِ مِن بَعْدِ الْفَرِيضَةِ إِنَّ اللّهَ كَانَ عَلِيماً حَكِيماً)[2].

هـ علاقات محللة: قال تعالى: (الْيَوْمَ أُحِلَّ لَكُمُ الطَّيِّبَاتُ وَطَعَامُ الَّذِينَ أُوتُواْ الْكِتَابَ حِلٌّ لَّكُمْ وَطَعَامُكُمْ حِلٌّ لَّهُمْ وَالْمُحْصَنَاتُ مِنَ الْمُؤْمِنَاتِ وَالْمُحْصَنَاتُ مِنَ الَّذِينَ أُوتُواْ الْكِتَابَ مِن قَبْلِكُمْ)[3].

و. الصداق: قال عز وجل: (وَآتُواْ النَّسَاء صَدُقَاتِهِنَّ نِحْلَةً فَإِن طِبْنَ لَكُمْ عَن شَيْءٍ مِّنْهُ نَفْساً فَكُلُوهُ هَنِيئاً مَّرِيئاً)[4]

ز. الواجبات تجاه الأقارب: قال عز وجل: (وَآتِ ذَا الْقُرْبَى حَقَّهُ)[5]. وقال (كُتِبَ عَلَيْكُمْ إِذَا حَضَرَ أَحَدَكُمُ الْمَوْتُ إِن تَرَكَ خَيْراً الْوَصِيَّةُ لِلْوَالِدَيْنِ وَالأقْرَبِينَ بِالْمَعْرُوفِ حَقّاً عَلَى الْمُتَّقِينَ)[6].

(1) البقرة، 231 .
(2) النساء، 23-24.
(3) المائدة، 5 .
(4) النساء، 4 .
(5) الروم، 38.
(6) البقرة، 180 .

المطلب الثالث: الأخلاق الاجتماعية:

أ. حظر قتل النفس: قال تعالى: (وَلاَ تَقْتُلُواْ النَّفْسَ الَّتِي حَرَّمَ اللّهِ إِلاَّ بِالْحَقِّ)[1]. وقال: (وَمَن يَقْتُلْ مُؤْمِناً مُّتَعَمِّداً فَجَزَاؤُهُ جَهَنَّمُ خَالِداً فِيهَا وَغَضِبَ اللّهُ عَلَيْهِ وَلَعَنَهُ وَأَعَدَّ لَهُ عَذَاباً عَظِيماً)[2].

ب. حظر السرقة: قال عز وجل: (وَالسَّارِقُ وَالسَّارِقَةُ فَاقْطَعُواْ أَيْدِيَهُمَا)[3].

ج. حظر الربا: قال عز وجل: (يَأَيُّهَا الَّذِينَ آمَنُواْ اتَّقُواْ اللّهَ وَذَرُواْ مَا بَقِيَ مِنَ الرِّبَا إِن كُنتُم مُّؤْمِنِينَ * فَإِن لَّمْ تَفْعَلُواْ فَأْذَنُواْ بِحَرْبٍ مِّنَ اللّهِ وَرَسُولِهِ وَإِنْ تُبْتُمْ فَلَكُمْ رُؤُوسُ أَمْوَالِكُمْ لاَ تَظْلِمُونَ وَلاَ تُظْلَمُونَ)[4].

د. النهي عن الاستغلال: قال تعالى: (يَا أَيُّهَا الَّذِينَ آمَنُواْ لاَ تَأْكُلُواْ أَمْوَالَكُمْ بَيْنَكُمْ بِالْبَاطِلِ إِلاَّ أَن تَكُونَ تِجَارَةً عَن تَرَاضٍ مِّنكُمْ)[5].

هـ. النهي عن أكل مال اليتيم: قال تعالى: (وَآتُواْ الْيَتَامَى أَمْوَالَهُمْ وَلاَ تَتَبَدَّلُواْ الْخَبِيثَ بِالطَّيِّبِ وَلاَ تَأْكُلُواْ أَمْوَالَهُمْ إِلَى أَمْوَالِكُمْ إِنَّهُ كَانَ حُوباً كَبِيراً)[6].

و. النهي عن خيانة الأمانة: قال تعالى: (يَأَيُّهَا الَّذِينَ آمَنُواْ لاَ تَخُونُواْ اللّهَ وَالرَّسُولَ وَتَخُونُواْ أَمَانَاتِكُمْ)[7].

ز. النهي عن إيذاء الناس: قال عز وجل: (وَالَّذِينَ يُؤْذُونَ الْمُؤْمِنِينَ وَالْمُؤْمِنَاتِ بِغَيْرِ مَا اكْتَسَبُواْ فَقَدِ احْتَمَلُواْ بُهْتَاناً وَإِثْماً مُّبِيناً)[8].

---

(1) الانعام، 151.
(2) النساء، 93 .
(3) المائدة، 38.
(4) البقرة، 278-279.
(5) النساء، 29.
(6) النساء، 2.
(7) الأنفال، 27.
(8) الأحزاب، 58.

ح. النهي عن الظلم: قال عز وجل: ﴿إِنَّهُ لاَ يُحِبُّ الظَّالِمِينَ﴾ [1] وقال: ﴿وَمَن يَظْلِم مِّنكُمْ نُذِقْهُ عَذَاباً كَبِيراً﴾[2].

ط. الأمر بالبر والتقوى والنهي عن الإثم والعدوان: قال تعالى: ﴿وَتَعَاوَنُواْ عَلَى الْبرِّ وَالتَّقْوَى وَلاَ تَعَاوَنُواْ عَلَى الإِثْمِ وَالْعُدْوَانِ﴾[3].

ي. النهي عن الغدر والخداع: قال تعالى: ﴿إِنَّ اللّهِ لاَ يُحِبُّ مَن كَانَ خَوَّاناً أَثِيماً * يَسْتَخْفُونَ مِنَ النَّاسِ وَلاَ يَسْتَخْفُونَ مِنَ اللّهِ﴾[4].

ن. النهي عن شهادة الزور: قال عز وجل: ﴿وَاجْتَنِبُواْ قَوْلَ الزُّورِ﴾[5].

ل. النهي عن السخرية بالآخرين: قال تعالى: ﴿يَأَيُّهَا الَّذِينَ امَنُواْ لاَ يَسْخَرْ قَوْمٌ مِّن قَوْمٍ عَسَى أَن يَكُونُواْ خَيْراً مِّنْهُمْ وَلاَ نِسَاءٌ مِّن نِّسَاءٍ عَسَى أَن يَكُنَّ خَيْراً مِّنْهُنَّ وَلاَ تَلْمِزُواْ أَنفُسَكُمْ وَلاَ تَنَابَزُواْ بِالأَلْقَابِ بِئْسَ الاسْمُ الْفُسُوقُ بَعْدَ الإِيمَانِ وَمَن لَّمْ يَتُبْ فَأُوْلَئِكَ هُمُ الظَّالِمُونَ﴾[6].

م. النهي عن قذف المحصنات: قال عز وجل: ﴿وَالَّذِينَ يَرْمُونَ الْمُحْصَنَاتِ ثُمَّ لَمْ يَأْتُواْ بِأَرْبَعَةِ شُهَدَاءَ فَاجْلِدُوهُمْ ثَمَانِينَ جَلْدَةً وَلاَ تَقْبَلُواْ لَهُمْ شَهَادَةً أَبَداً وَأُوْلَئِكَ هُمُ الْفَاسِقُونَ * إِلاَّ الَّذِينَ تَابُواْ مِن بَعْدِ ذَلِكَ وَأَصْلَحُواْ فَإِنَّ اللّهِ غَفُورٌ رَّحِيمٌ﴾[7].

ن. الإصلاح بين الناس: قال تعالى: ﴿إِنَّمَا الْمُؤْمِنُونَ إِخْوَةٌ فَأَصْلِحُواْ بَيْنَ أَخَوَيْكُمْ وَاتَّقُواْ اللّهَ لَعَلَّكُمْ تُرْحَمُونَ﴾[8].

(1) الشورى، 40 .
(2) الفرقان، 19 .
(3) المائدة، 2 .
(4) النساء، 107-108 .
(5) الحج ، 30 .
(6) الحجرات، 11.
(7) النور، 4-5 .
(8) الحجرات، 10 .

س. الإيثار: قال عز وجل: (وَيُؤْثِرُونَ عَلَى أَنفُسِهِمْ وَلَوْ كَانَ بِهِمْ خَصَاصَةٌ وَمَن يُوقَ شُحَّ نَفْسِهِ فَأُوْلَئِكَ هُمُ الْمُفْلِحُونَ).[1]

ع. الإنفاق: قال تعالى: (لِيُنفِقْ ذُو سَعَةٍ مِّن سَعَتِهِ وَمَن قُدِرَ عَلَيْهِ رِزْقُهُ فَلْيُنفِقْ مِمَّا آتَاهُ اللَّهُ).[2]

ف. النهي عن اكتناز الأموال: قال تعالى: (وَالَّذِينَ يَكْنِزُونَ الذَّهَبَ وَالْفِضَّةَ وَلاَ يُنفِقُونَهَا فِي سَبِيلِ اللَّهِ فَبَشِّرْهُمْ بِعَذَابٍ أَلِيمٍ * يَوْمَ يُحْمَى عَلَيْهَا فِي نَارِ جَهَنَّمَ فَتُكْوَى بِهَا جِبَاهُهُمْ وَجُنوبُهُمْ وَظُهُورُهُمْ هَذَا مَا كَنَزْتُمْ لأَنفُسِكُمْ فَذُوقُواْ مَا كُنتُمْ تَكْنِزُونَ).[3]

ص. الاستئذان قبل الدخول على الغير: قال تعالى: (يَاأَيُّهَا الَّذِينَ آمَنُواْ لاَ تَدْخُلُواْ بُيُوتاً غَيْرَ بُيُوتِكُمْ حَتَّى تَسْتَأْنِسُواْ وَتُسَلِّمُواْ عَلَى أَهْلِهَا ذَلِكُمْ خَيْرٌ لَّكُمْ لَعَلَّكُمْ تَذَكَّرُونَ * فَإِن لَّمْ تَجِدُواْ فِيهَا أَحَداً فَلاَ تَدْخُلُوهَا حَتَّى يُؤْذَنَ لَكُمْ وَإِن قِيلَ لَكُمْ ارْجِعُوا فَارْجِعُواْ هُوَ أَزْكَى لَكُمْ وَاللَّهُ بِمَا تَعْمَلُونَ عَلِيمٌ * لَّيْسَ عَلَيْكُمْ جُنَاحٌ أَن تَدْخُلُواْ بُيُوتاً غَيْرَ مَسْكُونَةٍ فِيهَا مَتَاعٌ لَّكُمْ وَاللَّهُ يَعْلَمُ مَا تُبْدُونَ وَمَا تَكْتُمُونَ). (النور، 27-29).

ف. التحية وردها: قال عز وجل: (فَإِذَا دَخَلْتُمْ بُيُوتاً فَسَلِّمُواْ عَلَى أَنفُسِكُمْ تَحِيَّةً مِّنْ عِندِ اللَّهِ مُبَارَكَةً طَيِّبَةً) (النور، 61) وقال: (وَإِذَا حُيِّيتُم بِتَحِيَّةٍ فَحَيُّواْ بِأَحْسَنَ مِنْهَا أَوْ رُدُّوهَا) (النساء، 86).

هذا وإن هناك الكثير من التوجيهات الخلقية الأخرى، كذم البخل (آل عمران، 180) والوفاء بالعقود (المائدة، 51، والإسراء، 34) وفي الإحسان (النساء، 36) وفي كظم الغيظ والعفو (آل عمران، 134) كذلك الشورى، 37، ودفع السيئة بالحسنة (الرعد، 22 كذلك فصلت، 24) وفي طلب التعاون في الخير

(1) الحشر، 9 .
(2) الطلاق، 7 .
(3) التوبة، 34-35 .

(آل عمران 104) وفي النهي عن كتمان الشهادة (البقرة، 283) والنهي عن الافتراء والغيبة (الحجرات، 12 وكذلك الهمزة، 1) وكثير غير ذلك.

أخلاق الدولة:

أ- علاقة الحاكم بالمحكوم: قال تعالى: (**فَبِمَا رَحْمَةٍ مِّنَ اللّهِ لِنتَ لَهُمْ وَلَوْ كُنتَ فَظّاً غَلِيظَ الْقَلْبِ لاَنفَضُّواْ مِنْ حَوْلِكَ فَاعْفُ عَنْهُمْ وَاسْتَغْفِرْ لَهُمْ وَشَاوِرْهُمْ فِي الأَمْرِ**) (آل عمران، 159).

ب- الحكم بين الناس بالعدل: قال تعالى: (**إِنَّ اللّهَ يَأْمُرُكُمْ أَن تُؤدُّواْ الأَمَانَاتِ إِلَى أَهْلِهَا وَإِذَا حَكَمْتُم بَيْنَ النَّاسِ أَن تَحْكُمُواْ بِالْعَدْلِ إِنَّ اللّهَ نِعِمَّا يَعِظُكُم بِهِ إِنَّ اللّهَ كَانَ سَمِيعاً بَصِيراً**) (النساء، 58).

ج- فيء الدولة لعامة الشعب وليس لفئة محدودة من الناس: قال عز وجل: (**مَّا أَفَاءَ اللَّهُ عَلَى رَسُولِهِ مِنْ أَهْلِ الْقُرَى فَلله وَلِلرَّسُولِ وَلِذِي الْقُرْبَى وَالْيَتَامَى وَالْمَسَاكِينِ وَابْنِ السَّبِيلِ كَيْ لَا يَكُونَ دُولَةً بَيْنَ الْأَغْنِيَاءِ مِنكُمْ**) (الحشر، 7).

د- جزاء من يحارب دولة الإسلام ويسعى في الأرض فساداً: قال تعالى: (**إِنَّمَا جَزَاءُ الَّذِينَ يُحَارِبُونَ اللّهَ وَرَسُولَهُ وَيَسْعَوْنَ فِي الأَرْضِ فَسَاداً أَن يُقَتَّلُواْ أَوْ يُصَلَّبُواْ أَوْ تُقَطَّعَ أَيْدِيهِمْ وَأَرْجُلُهُم مِّنْ خِلافٍ أَوْ يُنفَوْاْ مِنَ الأَرْضِ ذَلِكَ لَهُمْ خِزْيٌ فِي الدُّنْيَا وَلَهُمْ فِي الآخِرَةِ عَذَابٌ عَظِيمٌ * إِلاَّ الَّذِينَ تَابُواْ مِن قَبْلِ أَن تَقْدِرُواْ عَلَيْهِمْ فَاعْلَمُواْ أَنَّ اللّهَ غَفُورٌ رَّحِيمٌ**) (المائدة، 33-34).

هـ- حقوق الأقليات في المجتمع الإسلامي، قال عز وجل: (**فَإِن جَآؤُوكَ فَاحْكُم بَيْنَهُم أَوْ أَعْرِضْ عَنْهُمْ وَإِن تُعْرِضْ عَنْهُمْ فَلَن يَضُرُّوكَ شَيْئاً وَإِنْ حَكَمْتَ فَاحْكُم بَيْنَهُمْ بِالْقِسْطِ إِنَّ اللّهَ يُحِبُّ الْمُقْسِطِينَ * وَكَيْفَ يُحَكِّمُونَكَ وَعِندَهُمُ التَّوْرَاةُ فِيهَا حُكْمُ اللّهِ ثُمَّ يَتَوَلَّوْنَ مِن بَعْدِ ذَلِكَ وَمَا أُوْلَـئِكَ بِالْمُؤْمِنِينَ**) (المائدة، 42-43). (**وَمَن لَّمْ يَحْكُم بِمَا أنزَلَ اللّهُ فَأُوْلَـئِكَ هُمُ الظَّالِمُونَ**) (المائدة، 45). (**وَلْيَحْكُمْ أَهْلُ الإِنجِيلِ بِمَا أَنزَلَ اللّهُ فِيهِ وَمَن لَّمْ**

﴿يَحْكُم بِمَا أنزَلَ اللّهُ فَأُوْلَـئِكَ هُمُ الْفَاسِقُونَ﴾ (المائـدة، 47). ﴿فَاحْكُم بَيْـنَهُم بِمَا أَنـزَلَ اللّـهُ وَلاَ تَتَّبِعْ أَهْوَاءهُمْ عَمَّا جَاءكَ مِنَ الْحَقِّ﴾ (المائدة، 48).

و- طاعة الرعية لأولى الأمر من الصالحين: قال تعالى: ﴿يَا أَيُّهَا الَّذِينَ آمَنُواْ أَطِيعُـواْ اللّـهَ وَأَطِيعُـواْ الرَّسُولَ وَأُوْلِي الأَمْرِ مِنكُمْ فَإِن تَنَازَعْتُمْ فِي شَيْءٍ فَرُدُّوهُ إِلَى اللّهِ وَالرَّسُولِ إِن كُنتُمْ تُؤْمِنُـونَ بِاللّهِ وَالْيَوْمِ الآخِرِ ذَلِكَ خَيْرٌ وَأَحْسَنُ تَأْوِيلاً﴾ (النساء، 59).

ز- مشاورة الأمة في القضايا العامة : قال تعالى: ﴿وَأَمْرُهُمْ شُورَى بَيْنَهُمْ﴾ (الشورى، 38).

ح- النهي عن نقض العهد والفساد في الأرض: قال تعـالى: ﴿يَنقُضُـونَ عَهْـدَ اللّـهِ مِن بَعْـدِ مِيثَاقِهِ وَيَقْطَعُونَ مَا أَمَرَ اللّهُ بِهِ أَن يُوصَلَ وَيُفْسِدُونَ فِي الأَرْضِ أُوْلَـئِكَ لَهُمُ اللَّعْنَةُ وَلَهُمْ سُوءُ الدَّارِ﴾ (الرعد، 25).

ط- الاستعداد للجهاد والدفاع عن الوطن: قال عز وجل: ﴿وَأَعِدُّواْ لَهُم مَّا اسْتَطَعْتُم مِّن قُوَّةٍ وَمِـن رِّبَاطِ الْخَيْلِ تُرْهِبُونَ بِهِ عَدْوَّ اللّهِ وَعَدُوَّكُمْ وَآخَرِينَ مِن دُونِهِـمْ لاَ تَعْلَمُـونَهُمُ اللّـهُ يَعْلَمُهُـمْ وَمَـا تُنفِقُواْ مِن شَيْءٍ فِي سَبِيلِ اللّهِ يُوَفَّ إِلَيْكُمْ وَأَنتُمْ لاَ تُظْلَمُونَ﴾ (الانفال، 60).

ي- النهي عن اتخاذ العدو ولياً للمسـلمين: قـال تعـالى: ﴿يَاأَيُّهَـا الَّـذِينَ آمَنُـوا لَا تَتَّخِـذُوا عَـدُوِّي وَعَدُوَّكُمْ أَوْلِيَاءَ تُلْقُونَ إِلَيْهِمْ بِالْمَوَدَّةِ وَقَدْ كَفَرُوا بِمَا جَاءَكُمْ مِّنَ الْحَقِّ يُخْرِجُونَ الرَّسُولَ وَإِيَّاكُمْ أَن تُؤْمِنُوا بِاللَّهِ رَبِّكُمْ إِن كُنـتُمْ خَـرَجْتُمْ جِهَـادًا فِـي سَـبِيلِي وَابْتِغَـاءَ مَرْضَـاتِي تُسِـرُّونَ إِلَـيْهِمْ بِالْمَوَدَّةِ وَأَنَا أَعْلَمُ بِمَا أَخْفَيْتُمْ وَمَا أَعْلَنتُمْ وَمَن يَفْعَلْهُ مِنكُمْ فَقَدْ ضَلَّ سَوَاءَ السَّبِيلِ﴾ (الممتحنـة، 1).

ك- احترام من يسالم المسلمين: قال تعالى: ﴿فَإِنِ اعْتَزَلُوكُمْ فَلَمْ يُقَاتِلُوكُمْ وَأَلْقَوْاْ إِلَـيْكُمُ السَّـلَمَ فَمَـا جَعَلَ اللّهُ لَكُمْ عَلَيْهِمْ سَبِيلاً﴾ (النساء، 90).

ل- حسن الجوار: قال عز وجل: ﴿لَا يَنْهَاكُمُ اللَّهُ عَنِ الَّذِينَ لَمْ يُقَاتِلُوكُمْ فِي الدِّينِ وَلَمْ يُخْرِجُوكُمْ مِّن دِيَارِكُمْ أَن تَبَرُّوهُمْ وَتُقْسِطُوا إِلَيْهِمْ إِنَّ اللَّهَ يُحِبُّ الْمُقْسِطِينَ﴾ (الممتحنة،8).

م- الدعوة إلى السلم وعدم الاستسلام: قال عز وجل: (فَلاَ تَهِنُواْ وَتَدْعُواْ إِلَى السَّلْمِ وَأَنتُمُ الأَعْلَوْنَ وَاللَّهُ مَعَكُمْ وَلَن يَتِرَكُمْ أَعْمَالَكُمْ) (محمد، 35) وقال: (وَإِن جَنَحُواْ لِلسَّلْمِ فَاجْنَحْ لَهَا وَتَوَكَّلْ عَلَى اللَّهِ إِنَّهُ هُوَ السَّمِيعُ الْعَلِيمُ * وَإِن يُرِيدُواْ أَن يَخْدَعُوكَ فَإِنَّ حَسْبَكَ اللَّهُ هُوَ الَّذِي أَيَّدَكَ بِنَصْرِهِ وَبِالْمُؤْمِنِينَ * وَأَلَّفَ بَيْنَ قُلُوبِهِمْ) (الانفال، 61-63).

ن- الأخوة الإنسانية، قال تعالى: (يَأَيُّهَا النَّاسُ إِنَّا خَلَقْنَاكُم مِّن ذَكَرٍ وَأُنثَى وَجَعَلْنَاكُمْ شُعُوباً وَقَبَائِلَ لِتَعَارَفُواْ إِنَّ أَكْرَمَكُمْ عَندَ اللَّهِ أَتْقَاكُمْ) (الحجرات، 13) .

وهناك الكثير من الآيات الاخرى كمساعدة المستضعفين (النساء، 75) والحكمة في الدعوة إلى سبيل اللهِ (النحل، 125) وكذلك (البقرة، 256) والأمر بوحدة الناس (آل عمران 103) وكذلك (الروم، 31-32) وغيرها.

أخلاق دينية عامة:

أ- الإيمان باللهِ وبما أنزل من الحقائق: قال تعالى: (آمِنُواْ بِاللَّهِ وَرَسُولِهِ وَالْكِتَابِ الَّذِي نَزَّلَ عَلَى رَسُولِهِ وَالْكِتَابِ الَّذِيَ أَنزَلَ مِن قَبْلُ وَمَن يَكْفُرْ بِاللَّهِ وَمَلاَئِكَتِهِ وَكُتُبِهِ وَرُسُلِهِ وَالْيَوْمِ الآخِرِ فَقَدْ ضَلَّ ضَلاَلاً بَعِيداً) (النساء، 136).

ب- آداب عامة: قال عز وجل: (وَإِذَا قُرِىءَ الْقُرْآنُ فَاسْتَمِعُواْ لَهُ وَأَنصِتُواْ لَعَلَّكُمْ تُرْحَمُونَ) (الأعراف، 204). وقال: (يَأَيُّهَا الَّذِينَ آمَنُواْ لاَ تَرْفَعُواْ أَصْوَاتَكُمْ فَوْقَ صَوْتِ النَّبِيِّ وَلاَ تَجْهَرُواْ لَهُ بِالْقَوْلِ كَجَهْرِ بَعْضِكُمْ لِبَعْضٍ أَن تَحْبَطَ أَعْمَالُكُمْ وَأَنتُمْ لاَ تَشْعُرُونَ) (الحجرات، 2).

ج- الشكر على النعمة: قال تعالى: (وَاللَّهُ أَخْرَجَكُم مِّن بُطُونِ أُمَّهَاتِكُمْ لاَ تَعْلَمُونَ شَيْئاً وَجَعَلَ لَكُمُ السَّمْعَ وَالأَبْصَارَ وَالأَفْئِدَةَ لَعَلَّكُمْ تَشْكُرُونَ) (النحل، 78).

د- الرضا بقضاء اللهِ: قال تعالى: (وَلَنَبْلُوَنَّكُمْ بِشَيْءٍ مِّنَ الْخَوفْ وَالْجُوعِ وَنَقْصٍ مِّنَ الأَمَوَالِ وَالأنفُسِ وَالثَّمَرَاتِ وَبَشِّرِ الصَّابِرِينَ * الَّذِينَ إِذَا أَصَابَتْهُم مُّصِيبَةٌ قَالُواْ إِنَّا لله وَإِنَّا إِلَيْهِ رَاجِعونَ * أُولَئِكَ عَلَيْهِمْ صَلَوَاتٌ مِّن رَّبِّهِمْ وَرَحْمَةٌ وَأُولَئِكَ هُمُ الْمُهْتَدُونَ) (البقرة، 155-157).

هـ- التوكل على اللهِ: قال عز وجل: (إِن يَنصُرْكُمُ اللّهُ فَلاَ غَالِبَ لَكُمْ وَإِن يَخْذُلْكُمْ فَمَن ذَا الَّذِي يَنصُرُكُم مِّن بَعْدِهِ وَعَلَى اللّهِ فَلْيَتَوَكِّلِ الْمُؤْمِنُونَ) (آل عمران، 160).

و- النهي عن اليأس والقنوط: قال تعالى: (أَفَأَمِنَ أَهْلُ الْقُرَى أَن يَأْتِيَهُمْ بَأْسُنَا بَيَاتاً وَهُمْ نَائِمُونَ * أَوَ أَمِنَ أَهْلُ الْقُرَى أَن يَأْتِيَهُمْ بَأْسُنَا ضُحًى وَهُمْ يَلْعَبُونَ * أَفَأَمِنُواْ مَكْرَ اللّهِ فَلاَ يَأْمَنُ مَكْرَ اللّهِ إِلاَّ الْقَوْمُ الْخَاسِرُونَ) (الاعراف، 97، 99) .

ز- عدم الإكثار من الحلف باللهِ: قال تعالى: (وَلاَ تَجْعَلُواْ اللّهَ عُرْضَةً لِّأَيْمَانِكُمْ أَن تَبَرُّواْ وَتَتَّقُواْ وَتُصْلِحُواْ بَيْنَ النَّاسِ وَاللّهُ سَمِيعٌ عَلِيمٌ) (البقرة، 224).

ح- دوام ذكر اللهِ ودعائه: قال عز وجل: (وَلاَ تَكُونُواْ كَالَّذِينَ نَسُواْ اللَّهَ فَأَنسَاهُمْ أَنفُسَهُمْ أُولَئِكَ هُمُ الْفَاسِقُونَ) (الحشر، 19) وقال: (وَقَالَ رَبُّكُمُ ادْعُونِي أَسْتَجِبْ لَكُمْ) (غافر، 60).

ط- حب اللهِ فوق كل شيء: قال تعالى: (فَسَوْفَ يَأْتِي اللّهُ بِقَوْمٍ يُحِبُّهُمْ وَيُحِبُّونَهُ أَذِلَّةٍ عَلَى الْمُؤْمِنِينَ أَعِزَّةٍ عَلَى الْكَافِرِينَ يُجَاهِدُونَ فِي سَبِيلِ اللّهِ وَلاَ يَخَافُونَ لَوْمَةَ لآئِمٍ ذَلِكَ فَضْلُ اللّهِ يُؤْتِيهِ مَن يَشَاءُ وَاللّهُ وَاسِعٌ عَلِيمٌ) (المائدة، 54).

وهناك آيات أخرى كثيرة كطلب التوبة إلى اللهِ والتماس مغفرته (النور، 31) وكذلك النساء، 110)، والوفاء بعهد اللهِ وعدم الإخلاف به (التوبة، 75-77) وتعليق الأفعال بمشيئة اللهِ (الكهف/ 23) والنهي عن اليأس والقنوط (يوسف، 87 وكذلك الحجر، 56) وغير ذلك.

فضائل أخلاقية إسلامية:

ووردت في القرآن الكريم آيات تعتبر من أمهات الفضائل الأخلاقية الإسلامية نورد منها:

أ. البر: قال تعالى: (وَلَكِنَّ الْبِرَّ مَنْ آمَنَ بِاللّهِ وَالْيَوْمِ الآخِرِ وَالْمَلآئِكَةِ وَالْكِتَابِ وَالنَّبِيِّينَ وَآتَى الْمَالَ عَلَى حُبِّهِ ذَوِي الْقُرْبَى وَالْيَتَامَى وَالْمَسَاكِينَ وَابْنَ السَّبِيلِ وَالسَّآئِلِينَ وَفِي الرِّقَابِ

وَأَقَامَ الصَّلاةَ وَآتَى الزَّكَاةَ وَالْمُوفُونَ بِعَهْدِهِمْ إِذَا عَاهَدُواْ وَالصَّابِرِينَ فِي الْبَأْسَاءِ والضَّرَّاءِ وَحِينَ الْبَأْسِ أُولَـئِكَ الَّذِينَ صَدَقُوا وَأُولَـئِكَ هُمُ الْمُتَّقُونَ) (البقرة، 177).

ب- من صفات المؤمن: قال عز وجل: (إِنَّمَا الْمُؤْمِنُونَ الَّذِينَ إِذَا ذُكِرَ اللّهُ وَجِلَتْ قُلُوبُهُمْ وَإِذَا تُلِيَتْ عَلَيْهِمْ آيَاتُهُ زَادَتْهُمْ إِيمَاناً وَعَلَى رَبِّهِمْ يَتَوَكَّلُونَ * الَّذِينَ يُقِيمُونَ الصَّلاَةَ وَمِمَّا رَزَقْنَاهُمْ يُنفِقُونَ * أُوْلَـئِكَ هُمُ الْمُؤْمِنُونَ حَقّاً) (الأنفال، 2-4).

ج- من حقائق الإنسان: قال تعالى: (إِنَّ الإِنسَانَ خُلِقَ هَلُوعاً * إِذَا مَسَّهُ الشَّرُّ جَزُوعاً * وَإِذَا مَسَّهُ الْخَيْرُ مَنُوعاً * إِلاَّ الْمُصَلِّينَ * الَّذِينَ هُمْ عَلَى صَلاَتِهِمْ دَائِمُونَ * وَالَّذِينَ فِي أَمْوَالِهِمْ حَقٌّ مَّعْلُومٌ * لِّلسَّائِلِ وَالْمَحْرُومِ * وَالَّذِينَ يُصَدِّقُونَ بِيَوْمِ الدِّينِ * وَالَّذِينَ هُم مِّنْ عَذَابِ رَبِّهِم مُّشْفِقُونَ * إِنَّ عَذَابَ رَبِّهِمْ غَيْرُ مَأْمُونٍ * وَالَّذِينَ هُمْ لِفُرُوجِهِمْ حَافِظُونَ * إِلاَّ عَلَى أَزْوَاجِهِمْ أَوْ مَا مَلَكَتْ أَيْمَانُهُمْ فَإِنَّهُمْ غَيْرُ مَلُومِينَ * فَمَنِ ابْتَغَى وَرَاءَ ذَلِكَ فَأُوْلَـئِكَ هُمُ الْعَادُونَ * وَالَّذِينَ هُمْ لِأَمَانَاتِهِمْ وَعَهْدِهِمْ رَاعُونَ * وَالَّذِينَ هُمْ بِشَهَادَاتِهِم قَائِمُونَ * وَالَّذِينَ هُمْ عَلَى صَلاَتِهِمْ يُحَافِظُونَ * أُوْلَـئِكَ فِي جَنَّاتٍ مُّكْرَمُونَ) (المعارج، 19-25).

نماذج من الحديث الشريف:

والكلام عن الحديث النبوي، هو في الأساس الحديث عن الرسول الكريم، صلى اللهِ عليه وسلم والأخلاق الحسنة متمثلة تمام التمثل في شخصه الكريم وخصاله الشريفة؛ فالارتباط بينهما وطيد والصلة ذات وشائج عميقة فيقول تعالى: تنبيهاً لنا، وتعظيماً لقدر نبيه وتشريفا: (**وَإِنَّكَ لَعَلى خُلُقٍ عَظِيمٍ**)[1]. ويقول تعالى: (**لَقَدْ كَانَ لَكُمْ فِي رَسُولِ اللَّهِ أُسْوَةٌ حَسَنَةٌ**)[2]. وكفى بذلك شاهداً ودليلاً.

---

(1) سورة القلم، 4 .

(2) سورة الأحزاب، 21 .

وفيما يلي نستعرض بعضاً من الأخلاق الحسنة في ضوء السنة النبوية الشريفة.

(1) التواضع:

خلق إسلامي كريم تحلى به الأنبياء والرسل عليهم السلام وجعله اللهِ من صفات عباده المؤمنين، وهو يعني خضوع المسلم للحق، ولين الجانب والبعد عن الكبر والغرور.

حدثنا محمد بن المثنى ومحمد بن بشار وإبراهيم بن دينار، جميعاً عن يحيى بن حماد. قال إبن المثنى: حدثني يحي بن حماد، اخبرنا شعبة، عن أبان بن تغلب، عن فضيل الفقيمي عن إبراهيم النخعي عن علقمة عن عبد اللهِ بن مسعود، عن النبي صلى اللهِ عليه وسلم قال: "لا يدخل الجنة من كان في قلبه مثقال ذرة من كبر" قال رجل: إن الرجل يحب أن يكون ثوبه حسناً ونعله حسنة، قال: إن اللهِ جميل يحب الجمال، الكبر بطر الحق وغمط الناس"[1].

يظن بعض الناس خطأ أن من التواضع أن يمشي أحدهم مشية الذليل خافض الرأس، وأن يلبس ثياباً غير نظيفة، فهذا ليس من التواضع في شيء.

* مشروعية التواضع: لقد حثّ الإسلام على التحلي بهذا الخلق الكريم فقال رسول اللهِ: "وما تواضع أحدٌ إلا رفعه اللهِ"[2]؛ فتواضع المسلم نابع من العقيدة الإسلامية وصلته بربه، فقد اطمأنت نفسه بالإيمان وظهر أثر ذلك في سلوكه وجميع مظاهر حياته.

* آثار التواضع: إن المؤمن المتواضع يحبه اللهِ تعالى وترتفع مكانته في الدنيا والآخرة ويحبه الناس فتنشأ بينه وبينهم الأُلفة والثقة، فالقائد المتواضع يبني الثقة بينه وبين جنوده ويساعد على تحقيق النصر والفوز على الأعداء.

---

(1) كتاب الإيمان، 39، باب تحريم الكبر وبيانه. (91) في صحيح مسلم.

(2) صحيح مسلم، كتاب البر والصلة والآداب، باب استحباب العفو والتواضع.

* التواضع في حياة الرسول صلى اللهِ عليه وسلم: النبي قدوة المسلمين في التواضع وكل خلق كريم وكان -صلى اللهِ عليه وسلم- يتواضع للمسلمين امتثالاً لقوله تعالى: **(وَاخْفِضْ جَنَاحَكَ لِلْمُؤْمِنِينَ)**[1]. فتراه يبدأ أصحابه بالسلام، ويأكل مع الخادم، ويقضي حوائجه بنفسه، فلقد روي أن رجلاً أتى النبي -صلى اللهِ عليه وسلم- فأصابته رعد، فقال له رسول اللهِ: "هوّن عليك فإنما أنا ابن امرأة من قريش كانت تأكل القديد"[2]

(2) العزة :

لغة: القوة والغلبة.

اصطلاحاً: خلق إسلامي رفيع يدعو المؤمن أن يكون قوياً في إيمانه وعقيدته، يأبى الاستكانة والضعف، وقد خصّ اللهِ نفسه بهذه الصفة، وبيّن أن الرسول -صلى اللهِ عليه وسلم- والمؤمنين يتصفوا بها، فقال تعالى: **(وَلِلَّهِ الْعِزَّةُ وَلِرَسُولِهِ وَلِلْمُؤْمِنِينَ)**[3] .

حدثنا أبو بكر بن أبي شيبة وابن نمير قالا: حدثنا عبد اللهِ بن إدريس، عن ربيعة بن عثمان، عن محمد بن يحيى بن حبان، عن الأعرج عن أبي هريرة، قال: قال رسول اللهِ صلى اللهِ عليه وسلم: "المؤمن القوي خير وأحب إلى اللهِ من المؤمن الضعيف، وفي كل خير، احرص على ما ينفعك واستعن باللهِ، ولا تعجز، وإن أصابك شيء فلا تقل: لو أني فعلت كان كذا وكذا، ولكن قل: قدر اللهِ، وما شاء فعل، فإن لو تفتح عمل الشيطان"[4].

---

(1) سورة الحجر، 88 .

(2) سنن ابن ماجه، كتاب الأطعمة بإسناد صحيح.

(3) سورة المنافقون، 8 .

(4) صحيح مسلم، كتاب القدر، باب في الأمر بالقوة وترك العجز والاستعانة رقم الحديث (2664).

وتتحقق العزة للمسلم بالأمور التالية:

(1) تحريره من العبودية لغير اللهِ تعالى، ومن الخوف على رزقه وأجله فيكون عزيزاً لأنه يستمد عزته من عزة اللهِ تعالى، فقال عمر بن الخطاب: "نحن قوم أعزنا اللهِ بالإسلام، فمهما ابتغينا العزة بغيره أذلنا اللهِ".

(2) تحرره من الجهل باكتساب العلوم والمعارف التي تحقق أسباب القوة والمنعة والعزة للمسلمين.

(3) تحرره من الوهن والجبن بالإقبال على الجهاد في سبيل اللهِ تعالى، والاستعداد الدائم مما يجعل الأمة قوية عزيزة مرهوبة الجانب.

آثار العزة:

(1) علو همة المؤمن وارتفاع قدره، فتكون نفسه أبية لا تخضع للباطل.

(2) محافظة المؤمن على دينه وعرضه ونفسه وماله، فلا يكون عرضة للطامعين.

(3) إقبال المؤمن على العمل بجد نشاط، فلا يتوكل ولا يتكاسل.

(4) ثبات الأمة الإسلامية على الحق، فلا تستسلم لعدوها، ولا تتخلى عن دورها.

(5) زيادة هيبة الأمة الإسلامية في نفوس أعدائها لتمسكها بدينها واعتمادها على اللهِ الذي يهبها النصر والتمكن في الأرض.

(3) الحياء:

خلق كريم يدعو صاحبه إلى الالتزام بالفضائل، ويمنعه من القيام بكل ما هو قبيح، والحياء زينة المسلم، وهو ثمرة من ثمار الإيمان، فالحياء خلق المؤمنين الأتقياء يعصمهم به اللهِ عن الوقوع في المعاصي وقد اتفقت دعوة الأنبياء، من استحسان الحياء والتحلي به، والدعوة إليه.

حدثنا عبيد اللهِ بن سعيد، وعبد ابن حميد قالا: حدثنا أبو عامر العقدي حدثنا سليمان بن بلال، عن عبد اللهِ بن دنيا، عن أبي صالح، عن أبي هريرة عن النبي صلى اللهِ عليه وسلم قال: "الإيمان بضع وسبعون شعبة، والحياء شعبة من الإيمان"[1].

أنواع الحياء:

(1) الحياء من اللهِ: وذلك بالامتناع عن المعاصي في السر والعلن، ويلتزم بأداء الطاعات امتثالاً لأمر اللهِ.

(2) الحياء من الناس: وذلك بالامتناع عن المجاهدة بالمعاصي أمام الناس، والتحدث في المجالس عن الفواحش، فالمسلم يستحي من الناس ولا يؤذيهم.

(3) الحياء من النفس: بأن يكون للنفس سلطان على صاحبها، فتحاسبه قبل أن يحاسبه الناس، فيستشعر رقابتها عليه، وبذلك تسمو نفسه فتصبح نفساً لوامة تكبحه عن الشر، وتدفعه إلى الخير.

صور من الحياء:

الحياء للمسلم سلوك يلتزمه في حواسه وجوارحه، فيغض بصره عن محارم اللهِ استحياءً منه، ويحفظ أذنيه عن الاستماع إلى ما يغضب اللهِ، ويستخدم لسانه في الكلام الحسن، ويعف نفسه عن الفواحش.

والحياء لا يعني التقصير بالأمر بالمعروف والنهي عن المنكر، فإذا رأى أمراً فيه مخالفة للشرع أنكره دون تهيب أو تردد، فلا يجوز أن يسكت خجلاً من الناس لأن هذا من الجبن والعجز.

---

(1)   صحيح مسلم، 1- كتاب الإيمان-12- باب بيان عدد شعب الإيمان وأفضلها وأدناها، وفضيلة الحياء، وكونه من الإيمان، رقم الحديث (35).

آثار الحياء:

(1) يمنع المسلم من الوقوع في المعاصي.

(2) يجعل المسلم يستقبح كل عمل سيء، أو قول بذيء.

(3) يحفظ للنفس طهارتها، وللجوارح استقامتها على شرع اللهِ.

(4) حفظ المجتمع من المفاسد والفواحش، والحد من انتشار الرذائل، فيكون مجتمعاً نظيفاً طاهراً متماسكاً.

(4) العفة:

ضبط النفس عن الانسياق وراء الشهوات والترفع عن الوقوع في المحرمات وهي خلق إسلامي حث الإسلام عليه.

حدثنا قتيبة ابن سعيد، عن مالك ابن أنس، فيما قرئ عليه، عن ابن شهاب، عن عطاء بن يزيد الليثي، عن أبي سعيد الخدري، أن أناساً من الأنصار سألوا رسول اللهِ -صلى اللهِ عليه وسلم- فأعطاهم، ثم سألوه فأعطاهم حتى إذا نفذ ما عنده قال: "ما يكن عندي من خير فلن ادخره عنكم، ومن يستعفف يعفه اللهِ، ومن يستغن يغنه اللهِ، ومن يصبر يصبّره اللهِ، وما أعطي أحدٌ من عطاء خير وأوسع من الصبر"[1].

أنواع العفة:

(1) **عفة اللسان**: خلق اللهِ للإنسان لساناً يكون به ذاكراً لربه شاكراً لأنعمه مسبحاً بحمده، ويتلو القرآن به، ولا يغتاب أحداً، وقد بين رسول اللهِ مخاطر اللسان بقوله: "وهل يكب الناس على وجوههم (أو على مناخرهم) إلا حصائد ألسنتهم"[2].

(1) صحيح مسلم، 12-كتاب الزكاة، 42- باب فضل التعفف والصبر، رقم الحديث (1053).

(2) سنن الترمذي، أبواب الإيمان، باب ما جاء في حرمة الصلاة.

(2) **العفة في كسب الأموال:**

1- الترفع عن أخذ الأجر على أعمال الخير إلا إذا كان محتاجاً.

2- الترفع عن أموال الصدقات وسؤال الناس.

3 - لترفع عما في أيدي الناس.

(3) **العفة عن الوقوع في الفاحشة:**

وذلك بالابتعاد عن كل ما يؤدي إليها من النظر إلى العورات، وقد قص لنا القرآن الكريم لهذا النوع من العفة قصة سيدنا يوسف عليه السلام حين راودته امرأة العزيز عن نفسه فصبر وقاوم دواعي الشهوة طلباً لمرضاة اللهِ.

آثار العفة:

1- احترام الناس للمسلم العفيف والثقة به.

2- تصون المجتمع من مظاهر الانحلال والفساد.

3- تحكم المسلم بنفسه، فلا يطلق العنان لشهواته وملذاته.

(5)الحلم:

هو الأناة والتثبت في الأمر، وما يلزم لذلك من ضبط للنفس عند الغضب وكظم للغيظ، وعفو عن المسيء.

حدثنا زهير بن حرب، حدثنا عمر بن يونس الحنفي، حدثنا عكرمة ابن عمار، حدثنا إسحاق بن أبي طلحة؛ حدثني أنس بن مالك (وهو عمّ إسحاق) قال: بينما نحن في المسجد مع رسول اللهِ إذ جاء أعرابي، فقام يبول في المسجد، فقال أصحاب رسول اللهِ: مه، مه؛ قال رسول اللهِ: "لا تزرقوه دعوه"، فتركوه حتى بال، ثم إن رسول اللهِ: دعاه، فقال له: "إن هذه المساجد لا تصلح لشيء من هذا البول

ولا القذر، إنما هي لذكر اللهِ عز وجل، والصلاة وقراءة القرآن" أو كما قال رسول اللهِ، قال: فأمر رجلاً من القوم، فجاء بدلوٍ من ماء، فشنه عليه"[1].

فالحليم لا يستفزه الغضب إذا واجهه، ولا يتسرع بالعقوبة، بل يكون قوي النفس ضابطاً لمشاعره متحكماً في إرادته وتصرفاته؛ فقال رسول اللهِ: "ليس الشديد بالصرعة، إنما الشديد من يملك نفسه عند الغضب"[2].

والحليم له مواضعه فإذا كان الأمر متعلق بحرمة من حرمات اللهِ فلا بد من الغضب لله تعالى، وأما إذا كان الأمر متعلق بالإنسان ففيه الحليم.

(6) التعاون:

هو تضافر جهود الناس وتكاتفهم لتحقيق أمر معين فيه مصلحتهم، والتعاون نوعان:

(1) تعاون محمود: ويكون في وجوه الخير.

(2) تعاون مذموم: ويكون في وجوه الشر.

حدثنا يحيى بن يحيى التميمي وأبو بكر بن أبي شيبة ومحمد ابن العلاء الهمداني عن الأعمش، عن أبي صالح، عن أبي هريرة، قال: قال رسول اللهِ: "من نفس عن مؤمن كربة من كرب الدنيا، نفس اللهِ عنه كربة من كرب يوم القيامة، ومن يسر على معسر يسر اللهِ عليه في الدنيا والآخرة، ومن ستر مسلماً، ستره اللهِ في الدنيا والآخرة، واللهِ في عون العبد ما كان العبد في عون أخيه، .. الحديث"[3].

(1) صحيح مسلم، 2- كتاب الطهارة، 30- باب وجوب غسل البول إذا حصل في المسجد، رقم الحديث (85).

(2) صحيح مسلم، 45- كتاب البر والصلة، 30- باب فضل من يملك نفسه عند الغضب، رقم الحديث (2609).

(3) صحيح مسلم، 48-كتاب الذكر والدعاء، 11- باب فضل الاجتماع عند تلاوة القرآن، رقم الحديث، (2699).

أهمية التعاون:

فالتعاون من ضرورات الحياة التي لا يستغني الناس عنها، لأن الإنسان محتاج إلى غيره ولا يقدر أن يقوم بجميع أعماله بنفسه دون معاونة الآخرين فالتعاون أساس استقرار الحياة، وقوة المجتمع، وبه تزدهر الحياة، وتتنوع سبل الإنتاج، وتعمر البلاد.

صور من التعاون المحمود:

1- التعاون في الأسرة: عن طريق قيام كل فرد من أفرادها بواجبه.

2- التعاون بين الأقارب: عن طريق تشريع النفقات، بحيث يلتزم القريب الغني بالإنفاق على القريب الفقير.

3- التعاون بين الجيران: تفقد أحوال الجيران، وتقديم المعونة لهم لقوله صلى اللهِ عليه وسلم: "من كان يؤمن باللهِ واليوم الآخر فليحسن إلى جاره"[1].

4- التعاون بين أفراد المجتمع: مساعدة الغني الفقير، والقوي الضعيف ورحمة السلطان بالرعية وطاعتهم له.

5- التعاون بين الشعوب: مساعدة الدول بعضهم بعضاً في حالات السلم والحرب وفي حالات الكوارث كالزلازل والبراكين.

(7) التسامح:

خلق إسلامي يجعل صاحبه سهلاً في تعامله وقد حثت الشريعة على التسامح لأثره الطيب في بناء العلاقات بين أفراد المجتمع، حيث يقارب بين القلوب، ويؤلف بين النفوس.

قال رسول اللهِ عليه صلى اللهِ عليه وسلم: "رحم اللهِ رجلاً سمحاً، إذا باع، وإذا اشترى، وإذا اقتضى"[2].

(1) صحيح مسلم، كتاب الإيمان، باب الحث على إكرام الجار.

(2) صحيح البخاري، كتاب البيوع، باب السهولة، 15- والسماحة في الشراء والبيع.

صور من التسامح

(1) التسامح في البيع والشراء: فإذا كان المسلم بائعاً استقبل الناس ببشاشة ورحابة صدر، ولا يغلي الثمن عليهم، وإن كان مشتريا حرص على أن لا يفسد البضاعة بكثرة تقليبها.

(2) التسامح في الدَّين: حث الإسلام المدين على الوفاء بالدين، وعدم المماطلة في أدائه عند المقدرة وإذا لم يستطع المدين سداد الدين فيستحسن من الدائن أن يتساهل مع المدين.

(3) التسامح مع غير المسلمين:

أ. الرفق في دعوتهم إلى الإسلام.

ب. الوفاء بعهودهم ما لم ينقضوها.

ج. إعطاء أهل الكتاب حرية الالتزام بقواعد دينهم.

آثار التسامح:

1- دفع الإنسان إلى حب الخير للناس، ومساعدتهم ومعاونتهم في أعمالهم.
2- جعل المجتمع نقياً من أسباب الحقد والكراهية.
3- دفع الناس للدخول في الإسلام.
4- جعل المجتمع متراحماً متعاطفاً.

من وصايا الرسول صلى اللهِ عليه وسلم الاخلاقية:

عن أبي ذر الغفاري -رضي اللهِ عنه- قال: "أوصاني ربي بخمس، أرحم المساكين وأجالسهم، وأنظر إلى من هو تحتي ولا أنظر إلى من هو فوقي، وأن أصل الرحم وأن أبره، وأن أقول بالحق وإن كان مراً، وأن أقول لا حول ولا قوة

إلا باللهِ، يقول مولى غفرة لا أعلم بقي فينا من الخمس إلا هذه، قولنا لا حول ولا قوة إلا باللهِ"[1].

رحمة المساكين ومجالستهم.

فالإنسان مطبوع على الترفع عمن هو دونه، تسوّل له نفسه، ويوسوس له شيطانه بأن ما أعطيه من حظ في هذه الدنيا يمنحه التفوق، ويكسبه الفضل، هكذا يظن كثير من الناس، والنبي الكريم عليه الصلاة والسلام، وهو الحريص علينا كما وصفه ربه يبين لنا كيف نعالج أمراض النفس وكيف نتغلب على هوى الشيطان. وإن خير علاج للنفس هو أن نحملها على ما تكره، وأن نعودها على ما يشق عليها ويصعب، فاشتملت الوصية على رحمة المساكين وهو أمر عاطفي له صلة بالقلب، والمجالسة أمر خارجي له صلة بأفعال الجوارح.

النظر إلى من هو تحته

ذلك أن النبي عليه الصلاة والسلام يريد أن يعالج النفوس بالوقاية من المرض قبل أن يكون مرض، وهذه الصفة تقي الإنسان كثيراً من الشرور، وتحول بينه وبين كثير من المنزلقات، ومن الحكمة أن نعالج الشر قبل أن يستفحل، لا بل قبل أن يقع.

صلة الرحم

حرص النبي صلى اللهِ عليه وسلم على ما فيه خير للجماعة المسلمة، حتى تكون متآلفة متحابة يصل بعضها بعضاً، تنتشر فيهم الرحمة، ويمتازون بالمودة، لذلك لا نعجب إن كانت عناية الإسلام بصلة الرحم عظيمة، وإن يشدد النكير على من يقطع الرحم ويهجرها.

(1) الفتح الرباني، ج19، ص 196، وقال في تخريجه "أورده المنذري مختصراً، وقال رواه الطبراني".

القول بالحق وإن كان مراً

إن هناك عوامل كثيرة تحدد معاملة الإنسان وتعامله مع غيره، وهذه العوامل كثيراً ما تؤثر على مسلكياته بين الناس، بل ربما تؤثر على أفكاره كذلك، فقد يتغاضى في كثير من الأحيان عن كلمة ينبغي أن تقال، ويجب أن لا تخنق.

فحياة الإنسان محفوفة بالعوائق والصعوبات، من هنا حفت الجنة بالمثارة، ولذا فقد يتحكم في هذا الإنسان لقمة عيش، إذ علاقة شخصية، ومصلحة خاصة، هنا يمتحن المسلم، ولكنه يبرهن بعد كل عوامل المشادة بينه وبين نفسه أنه لن يفرط في غايته الكبرى وفي رضوان اللهِ تعالى.

لا حول ولا قوة إلا باللهِ

لا حول ولا قوة إلا باللهِ مفتاح من مفاتيح الجنة، بل هي كنز من كنوزها وقد ورد في تفسيرها اللَّهم لا حول عن معصيتك إلا بعصمتك" ولا قوة على طاعتك إلا بمعونتك وهذا مجمع الخير كله، فإن غاية التوفيق وأعظم السعادة أن يلطف اللهِ بالإنسان دين عليه ينغصه عصمة تحول بينه وبين المعصية.

تحريم الكذب:

عن عبد اللهِ بن عمرو بن العاص رضي اللهِ عنهما، أن النبي صلى اللهِ عليه وسلم قال: "أربعُ من كنّ فيه كان منافقاً خالصاً، ومن كانت فيه خصلة منهن كانت فيه خصلة من نفاق حتى يدعها، إذا اؤتمن خان، وإذا حدث كذب، وإذا عاهد غدر، وإذا خاصم فجر" متفق عليه[1].

وعن ابن عمر رضي اللهِ عنهما قال: قال النبي صلى اللهِ عليه وسلم: "أفرى الفرى[2] أن يرى الرجل عينية ما لم تريا"[3]. رواه البخاري

(1) تسلسل الحديث في "رياض الصالحين"، 1551.
(2) جمع فرية.
(3) رقم التسلسل 1553.

أذى الجار:

ثبت في الصحيحين أن الرسول صلى اللهِ عليه وسلم قال: "واللهِ لا يؤمن واللهِ لا يؤمن" قيل: من يا رسول اللهِ؟ قال: "من لا يأمن جاره بوائقه" أي غوائله وشروره.

إن هذه الصفحات لا تكفي لإيراد الأحاديث الشريفة التي تتناول الإحسان إلى الجار والنهي عن أذيته فإن حري بنا الإشارة إلى العناية العظيمة التي أولاها النبي صلى اللهِ عليه وسلم للإحسان إلى الجار، بل وأشار إلى ضرورة أن يحتمل الجار أذى جاره فهو في جملة الإحسان إليه، وأن يحتمل أذى جاره وإن كان ذميا.

النهي عن التباغض والتقاطع والتدابر:

عن أنس رضي اللهِ عنه أن النبي صلى اللهِ عليه وسلم قال: "لا تباغضوا ولا تحاسدوا، ولا تدابروا، ولا تقاطعوا، وكونوا عباد اللهِ إخواناً، ولا يحل لمسلم أن يهجر أخاه فوق ثلاث" متفق عليه.

وعن أبي هريرة رضي اللهِ عنه أن رسول اللهِ صلى اللهِ عليه وسلم قال: "تفتح أبواب الجنة يوم الاثنين ويوم الخميس فيغفر لكل عبد لا يشرك باللهِ شيئاًَ، إلا رجلا كان بينه وبين أخيه شحناء فيقال: أنظروا هذين حتى يصطلحا، انظروا هذين حتى يصطلحا" رواه مسلم.

النهي عن تناجي اثنين دون ثالث:

فقد بلغ من عناية الإسلام بحسن الخلق وصفاء العلاقات بين المسلمين في المجتمع الإسلامي أن نهى الرسول صلى اللهِ عليه وسلم عن الحديث بين اثنين سراً إذا كان معهما ثالث بحيث لا يسمعهما بغير إذنه إلا لحاجة إلى ذلك، ففي ذلك إيذاء لمشاعره ومبرر لتعكير صفو العلاقة بينهم. وفي معنى هذا النهي ما إذا تحدثا بلسان لا يفهمه، أي بلغة لا يفقهها.

عن ابن عمر رضي اللهِ عنهما أن النبي صلى اللهِ عليه وسلم قال: "إذا كانوا ثلاثـة، فـلا يتناجى اثنان دون الثالث" متفق عليه.

وعن ابن مسعود رضي اللهِ عنه أن رسول اللهِ صلى اللهِ عليه وسلم قال: إذا كنتم ثلاثة فلا يتناجى اثنان دون الآخر حتى تختلطوا بالناس من أجل أن ذلك يحزنه" متفق عليه.

الغدر وعدم الوفاء بالعهد:

قال النبي صلى اللهِ عليه وسلم: "أربع من كن فيـه..." إلى آخـر الحـديث المـذكور في فقرة تحريم الكذب، فقد دل الحديث الشريف على تحريم الغدر بعد العهد، وعد ذلـك مـن خصال المنافقين، وقال العلماء أن هذه العهود المقصودة يدخل في مضمونها العقود التي عهد اللهِ إلينا في القرآن مما آمنا به وما نهانا عنه، والعهـود التـي تكـون بـين النـاس وأوجـب عـلى المسلمين الوفاء بعهدهم إلى اللهِ، وإلى المسلمين وأيضاً إلى أهل الذمة والمشركين".

قال ابن عمر رضي اللهِ عنهما قال رسول اللهِ صلى اللهِ عليـه وسـلم: "لكـل غـادر لـواء يوم القيامة، يقال هذه غدرة فلان ابن فلان".

وقال رسول اللهِ صلى اللهِ عليه وسلم: "يقول اللهِ عـز وجـل: ثلاثـة أنـا خصـمهم يـوم القيامة، رجل أعطى بي ثم غدر، ورجل باع حرا فأكل ثمنه، ورجل استأجر أجيراً فاستوفى منـه العمل ولم يعطه أجره" أخرجه البخاري.

نقص الكيل والزرع:

عن ابن عبـاس رضي اللهِ عنـه قـال: قـال رسـول اللهِ صـلى اللهِ عليـه وسـلم: "خمـس بخمس" قالوا: يا رسول اللهِ وما خمس بخمس؟ قال: "ما نقض قوم العهد إلا سلط اللهِ علـيهم عدوهم، وما حكموا بغير ما أنزل اللهِ إلا فشا فيهم الفقر، وما ظهرت فيهم الفاحشـة إلا أنـزل اللهِ بهم الطاعون يعني كثرة الموت- ولا طففوا الكيـل إلا منعـوا النبـات وأخـذوا بالسـنين، ولا منعوا الزكاة إلا حبس عنهم المطر".

والمطفف هو الذي يُنقص الكيل والوزن، وسمي مطففاً لأنه لا يكاد يسرق إلا الشيء الطفيف، وذلك ضرب من السرقة والخيانة، وأكل الحرام، ثم وعد اللهِ من يفعل ذلك بويل وهو شدة العذاب، وقيل واد في جهنم لو سيرت فيه جبال الدنيا لذابت من شدة حره، وقال بعض السلف: أشهد على كل كيال أو وزان بالنار لأنه لا يكاد يسلم إلا من عصم اللهِ.

النهي عن التجسس والتسمع لكلام يكره استماعه:

(1) عن أبي هريرة رضي اللهِ عنه أن رسول اللهِ صلى اللهِ عليه وسلم قال: "إياكم والظن فإن الظن أكذب الحديث، ولا تحسسوا، ولا تجسسوا، ولا تنافسوا ولا تحاسدوا ولا تباغضوا ولا تدابروا، وكونوا عباد اللهِ إخواناً كما أمركم، المسلم أخو المسلم: "لا يظلمه ولا يخذله ولا يحقره، التقوى هاهنا، التقوى هاهنا" ويشير إلى صدره "بحسب امرئ من الشر أن يحقر أخاه المسلم، كل المسلم على المسلم حرام، دمه وعرضه، وماله، إن اللهِ لا ينظر إلى أجسادكم ولا صوركم ولكن ينظر إلى قلوبكم وأعمالكم"[1] رواه مسلم.

(2) وعن معاوية قال: سمعت رسول اللهِ صلى اللهِ عليه وسلم يقول: "إنك إن اتبعت عورات المسلمين أفسدتهم أو كدت تفسدهم"[2] حديث صحيح.

(3) عن ابن مسعود رضي اللهِ عنه أنه أُتِيَ برجل فقيل له: هذا فلان تقطر لحيته خمراً فقال: إنا قد نهينا عن التجسس، ولكن إن يظهر لنا شيء نأخذ به"[3].

---

(1) 1578 رياض الصالحين

(2) 1579 رياض الصالحين

(3) 1580 رياض الصالحين.

حسن الخلق:

وبعد إيراد الأحاديث السابقة عن بعض الموضوعات التي لا علاقة لها بالتشريع الأخلاقي، لا بد لنا من ذكر بعض الأحاديث التي حثت على حسن الخلق، والحديث على أن الإسلام دين الأخلاق الصالحة المتكاملة، التي إذا تحلى بها المسلم بنت حياته كلها وخطواته جميعاً تكون مأمونة عليه وعلى غيره ممن يتعامل معهم، ولا ننسى قول النبي صلى اللهِ عليه وسلم: "إنما بعثت لأتمم مكارم الأخلاق".

(1) عن أنس رضي اللهِ عنه قال: ما مس يدي ديباجاً ولا حريراً، ألين من كف رسول اللهِ صلى اللهِ عليه وسلم، ولا شممت رائحة قط أطيب من رائحة رسول اللهِ صلى اللهِ عليه وسلم، ولقد خدمت رسول اللهِ عشر سنين فما قال لي قط: أفّ، ولا قال لشيء فعلته: لم فعلته؟ ولا لشيء لم أفعله: ألا فعلت كذا؟" متفق عليه.

(2) وعن الصعب بن جشامة رضي اللهِ عنه قال: أهديت رسول اللهِ صلى اللهِ عليه وسلم حماراً وحشيا فرده علي، فلما رأى ما في وجهي قال: "إنا لم نرده عليك إلا لأنا حرم". متفق عليه.

(3) وعن النواس بن سمعان رضي اللهِ عنه قال: سألت رسول اللهِ صلى اللهِ عليه وسلم عن البر والإثم فقال: "البر حسن الخلق، والإثم ما حال في صدرك وكرهت أن يطلع عليه الناس" رواه مسلم.

وعن عبد اللهِ بن عمرو بن العاص قال: لم يكن رسول اللهِ صلى اللهِ عليه وسلم فاحشاً ولا متفحشاً. وكان يقول: "إن من خياركم أحسنكم أخلاقاً". متفق عليه.

(4) وعن أبي الدرداء رضي اللهِ عنه قال: قال رسول اللهِ صلى اللهِ عليه وسلم: "ما من شيء أثقل في ميزان العبد المؤمن يوم القيامة من حسن الخلق، وإن اللهِ يبغض الفاحش البذيء". رواه الترمذي.

(5) وعن أبي هريرة رضي اللهِ عنه قال: سئل رسول اللهِ صلى اللهِ عليه وسلم عن أكثر ما يدخل الناس الجنة، قال: "تقوى اللهِ وحسن الخلق" وسئل عن أكثر ما يدخل الناس النار فقال: الفم والفرج" رواه الترمذي[1].

(1) وعنه قال: قال رسول اللهِ صلى اللهِ عليه وسلم: "أكمل المؤمنين إيماناً، أحسنهم خلقاً، وخياركم خياركم لنسائهم" رواه الترمذي وقال: حديث حسن صحيح.

(2) وعن عائشة رضي اللهِ عنها قالت: سمعت رسول اللهِ صلى اللهِ عليه وسلم يقول: "إن المؤمن ليدرك لا بحسن خلقه درجة الصائم القائم" رواه أبو داوود.

(3) وعن أبي أمامة الباهلي رضي اللهِ عنه قال: قال رسول اللهِ صلى اللهِ عليه وسلم: "إن نعيماً ببيت في ربض الجنة لمن ترك المراء وإن كان محقاً، وببيت في وسط الجنة لمن ترك الكذب وإن كان مازحاً، وببيت في أعلى الجنة لمن حَسُن خلقه".

(4) وعن جابر رضي اللهِ عنه أن رسول اللهِ صلى اللهِ عليه وسلم قال: "إن من أحبكم إلي وأقربكم مني مجلساً يوم القيامة أحاسنكم أخلاقاً، وإن أبغضكم إليّ وأبعدكم عني يوم القيامة الثرثارون والمتشدقون والمتفيهقون" قالوا: يا رسول اللهِ قد علمنا الثرثارون والمتشدقون فما المتفيهقون؟ قال: "المتكبرون"، رواه الترمذي وقال: حديث حسن"[2].

---

(1) الأرقام المتسلسلة للأحاديث في كتاب "رياض الصالحين":
-1 627 -2 628 -3 629
-4 629 -5 .630

(2) الأرقام المتسلسلة للأحاديث في كتاب "رياض الصالحين":
-1 633 -2 634 -3 635 -4 .363

الخاتـمــة

لقد وجدنا من خلال استعراضنا للأخلاق والسلوك في الإسلام أنهـما يقومـان علـى الإيمان. وبذلك يقوم الخلق الإسلامي على وجهين:

الوجه الأول: هو الوجه الإيماني، القائم على معرفة اللهِ واستشعار رقابته.

والوجه الثاني: هو الوجه العملي العادي المتمثل بالالتزام بالأحكام الشرعية التي تربي المسلم.

وقد وجدنا الأخلاق ذات خصائص عديدة منها:

1- أنها جزء لا يتجزأ من الإسلام الذي بعث به محمد صلى اللهِ عليه وسلم.

2- إن تلك القيم الأخلاقية واقعية تلائم فطرة الإنسان.

3- إنها وبعد ذلك متوازنة وإيجابية وثابتة.

فموضوع الأخلاق إذن يتناول أصول البنـاء الخلقـي والسـلوك الإنسـاني والاجتماعـي وتلك أصول تختصر في أربعة نقاط:

الأصل الاول: الإلزام.. أي أن المسلم ملزم بالتحلي بها لكونها أمراً إلهياً. يكـون مـن الضروري آنذاك أن:

أ. استعمال العقل وتجنب استعمال العاطفة دون العقل والابتعاد عن التقليد الأعمى.

ب. تجنب الهوى، حيث يجب ألا يسير الإنسان خلف شهواته.

ج تجنب الطاغوت كضغط الأسرة في الباطل أو ضغط الحـاكم الـذي لا يخـاف اللهِ أو ضغط العشيرة في أعراف غريبة عن الدين تخالف الشريعة.

وقوة الإلزام في الإسلام كما استقرأناها من خلال سطور الكتاب ترتبط بأمرين مهمين هما:

1- الفطرة الإنسانية أو العقل الإنساني كمعرفة الشر والخير والتفريق بينهما.

2- الصفة الإنسانية لتحمل الإلزام. فيجب أن يربط الإنسان بين صفاته الإنسانية وقوة الإلزام الإلهية حتى يبتعد عن الشر والخطأ. فلا يمكن أن تكون قوة الإلزام تفوق القوة التي يفطر عليها الإنسان.

الأصل الثاني: المسؤولية: حيث يقول رسول اللهِ صلى اللهِ عليه وسلم (كلكم راع وكلكم مسؤول عن رعيته)، والإنسان مسؤول أمام اللهِ كما هو مسؤول عن نفسه، قال تعالى: **(أَتَأْمُرُونَ النَّاسَ بِالْبِرِّ وَتَنسَوْنَ أَنفُسَكُمْ)** (البقرة، 44).

الأصل الثالث: الجزاء. حيث يقول تعالى: **(فَمَن يَعْمَلْ مِثْقَالَ ذَرَّةٍ خَيْراً يَرَهُ* وَمَن يَعْمَلْ مِثْقَالَ ذَرَّةٍ شَرّاً يَرَهُ)** (الزلزلة، 7-8).

فيجب إذن ربط أعمال العبادة والآخرة "يوم الجزاء" قال صلى اللهِ عليه وسلم "من كان يؤمن باللهِ واليوم الآخر فليكرم ضيفه" فإكرام الضيف أمر دنيوي لكنه ارتبط بالإيمان باللهِ واليوم الآخر وهو حافز على الترغيب والترهيب لمسيرة المجتمع الخلقية، فعدم إكرام الضيف يحتمل خيانته والتنكيل به أو طرده أو غير ذلك من سلوك يرفضه الإسلام. الذي يجعل من عمل الخير دافعا للسير نحو الفوز بالجنة. والأفعال يجازى بها الإنسان في الدنيا والآخرة ولا تغني إحداها عن الأخرى.

لقد وجدنا من خلال دراستنا هذه مبادئ مهمة هي:

1- التواضع والنهي عن الكبر والعجب والغرور.

2- الحلم والأناة وكظم الغيظ وعدم الغضب وعدم التسرع وعدم الحقد والحسد.

3- حب الخير للنفس وللآخرين. قال رسول اللهِ صلى اللهِ عليه وسلم "أحبب لأخيك ما تحبه لنفسك".

4- الكرم المعقول وعدم الإسراف وعدم البخل ويكون ذلك بتمرين النفس عليها لأن بعض الناس لهم فطرة الإسراف في الكرم أو البخل الشديد واللهِ لا يحب البخلاء طبعاً.

-5 الصدق والبعد عن الكذب. قال تعالى: (**يَـآأَيُّهَا الَّذِينَ آمَنُواْ اتَّقُواْ اللّهَ وَكُونُواْ مَعَ الصَّادِقِينَ**) (التوبة، 119).

-6 البعد عن اللامبالاة والتقصير أي بتعليم المسؤولية والتصميم والعزم. قال تعالى: (**يَا أَيُّهَا الَّذِينَ آمَنُواْ اصْبِرُواْ وَصَابِرُواْ وَرَابِطُواْ وَاتَّقُواْ اللّهَ لَعَلَّكُمْ تُفْلِحُونَ**) (آل عمران، 200).

إن حسن الخلق يعني أنه لا بد أن يُربي المسلم نفسه ولسانه فيه على ذكر اللهِ وأن يشغل قلبه دائماً بالتفكير باللهِ عن طريق:

1. الخوف من اللهِ والرجاء له.
2. التفكير والبعد عن الغفلة أي أن يكون العبد دائم التفكير باللهِ، قال تعالى: (**يَاأَيُّهَا الَّذِينَ امَنُواْ لاَ تُلْهِكُمْ أَمْوَالُكُمْ وَلاَ أَوْلاَدُكُمْ عَن ذِكْرِ اللَّهِ وَمَن يَفْعَلْ ذَلِكَ فَأُوْلَـئِكَ هُمُ الْخَاسِرُونَ**) (المنافقون، 9) .
3. الشكر وعدم الجحود بنعمة اللهِ تعالى.
4. تربية لسانه على ذكر اللهِ في كل أحوال الإنسان.

وأن على المسلم أن يلتزم بأدب الحديث وأدب اللسان والابتعاد عن آفاته والانزلاق في المتاعب. ولا بد له من تربية نفسه على حب الصغير وتوقير الكبير والصدق في الحديث وعدم رفع الصوت أكثر من حاجة السامعين وعدم السخرية من الآخرين.

وأن عليه أن يتربى على الأخلاق الأسرية الموجودة عبر القرآن والسنة وأن يأمر بالمعروف وينهى عن المنكر وأن ينصح لأئمة المسلمين وعامتهم حيث قال صلى اللهِ عليه وسلم "الدين النصيحة، قيل لمن يا رسول اللهِ: قال لله ولكتابه ولرسوله ولأئمة المسلمين وعامتهم"[1]. وأن يتعلم حسن المعاشرة والبر بالأبناء

(1) صحيح البخاري "شرح فتح الباري"، 1/ 137-138،مسلم "بشرح النووي، كتاب الإيمان، رقم 95.

والآباء واحترام صلة الأرحام وذوي القربى وأن تكون أخلاقه في المستوى الـذي يـدعوه البـاري إليها في التعامل مع الجار ومع الأخ ومع البيئة.

إن نشر الأخلاق الإسلامية بطبيعة الحال يحتاج إلى الداعية المقبول اجتماعياً والأستاذ الناجح في استقطاب طلابه لا تنفيرهم وإلى الطالب الراغب في تعديل سلوكه وخلقه (ليزدادوا إيماناً مع إيمانهم) .. وذلك لن يتم دون إعداد ديني وثقافي إسلامي جيد لتتم صياغة الأخـلاق وتدريسها وتعميمها بشكل يرسخ قيمها في نفوس الجميـع وذلك مـن أنفـع وسـائل الوقايـة لمواجهة التحديات الثقافية والفكرية الضالة والمنحرفة.

المراجع

* القرآن الكريم.

* كتب الحديث الشريف

- البخاري، محمد بن إسماعيل، الصحيح ط السلفية، اسطنبول، تركيا، المكتبة الإسلامية.

- مسلم، الإمام مسلم بن الحجاج القشيري، الجامع الصحيح، تحقيق محمد فؤاد عبد الباقي، (د.ت).

- الترمذي، محمد بن عيسى، الجامع الصحيح، تحقيق أحمد محمد شاكر، مطبعة مصطفى البابي الحلبي وأولاده، القاهرة، ط1، 1356هـ 1937.

- ابن ماجة، محمد بن يزيد القزويني، السنن، تحقيق محمد فؤاد عبد الباقي، دار الكتب العلمية، بيروت، (د.ت).

- الحاكم النيسابوري، المستدرك على الصحيحين، مكتبة المطبوعات الإسلامية، بيروت (د.ت).

- الإصبحي، الإمام مالك بن أنس، موطأ مالك، ج2، تحقيق محمد فؤاد عبد الباقي. دار إحياء التراث العربي. مصر (د.ت).

- أبو داود، سليمان بن الأشعث، سنن أبي داود، تحقيق محيي الدين عبد الحميد، دار إحياء التراث العربي، بيروت (د.ت).

- ابن حجر العسقلاني، فتح الباري بشرح صحيح البخاري، الرياض، مكتبة الرياض الحديثة، (إخراج وتصحيح محب الدين الخطيب)، ج6 و ج7 (دار المعرفة، بيروت، 1982).

- النووي، المنهاج في شرح صحيح مسلم، بيت الأفكار الدولية للنشر والتوزيع، الرياض (د.ت).
- نزهة المتقين شرح رياض الصالحين من كلام سيد المرسلين ط14، مؤسسة الرسالة (1407هـ/ 1987م).
- د. سعدون محمود الساموك، نظرات في التربية الإسلامية. مجلة الرسالة الإسلامية العددان 174-175، السنة الثانية عشرة تشرين الأول، تشرين الثاني 1984م (تصدر عن وزارة الأوقاف والشؤون الدينية، بغداد).
- د. منير البياتي وفاضل شاكر النعيمي، النظم الإسلامية، بغداد، 1987م.
- د. عبد الكريم زيدان، أصول الدعوة، ط1، بغداد، 1970م.
- د. محمد محروس الشناوي، أنموذج الأخلاق عند الغزالي، مجلة الرسالة الخليج العربي، العدد، 22، السنة السابعة، 1407هـ1987.
- د. مقداد يالجن، التربية الأخلاقية الإسلامية، ط1، مكتبة الخانجي، مصر 1397هـ/ 1977م.
- د. ليفي بريل، الأخلاق وعلم العادات الأخلاقية، ترجمة د. محمود قاسم، القاهرة (د. ت).
- د. توفيق الطويل، الفلسفة الخلقية، القاهرة (د.ت).
- د. محمد فاضل الجمالي، آفاق التربية الحديثة في البلاد النامية، تونس، 1987م.
- د.محمد فاضل الجمالي، تربية الإنسان الجديد، الاتحاد العام التونسي للشغل، 1967م.
- أميل دركهايم، التربية الأخلاقية، ترجمة الدكتور السيد محمد البدوي، القاهرة، (د.ت).
- د. محمد عقلة، النظام الأخلاقي في الإسلام، ط2،مكتبة الرسالة الحديثة، عمان، 1986م.

- عبد الرحمن حسن حبنكة وآخرون، الثقافة الإسلامية (المستوى الأول، مكة، مطابع جامعة أم القرى (د.ت).
- بكر محمد إبراهيم، الترغيب في مكارم الأخلاق والترهيب في مساوئها، دار صلاح الدين الحديث، القاهرة، 1999م.
- د. كايد قرعوش وآخرون، الأخلاق في الإسلام، دار المناهج، عمان، 2001م/ 1422هـ.
- د. محمد عبد اللهِ دراز، دستور الأخلاق في القرآن، مؤسسة الرسالة، تعريب د.عبد الصبور شاهين، بيروت.
- د. عدنان علي الفراجي، المجال الأخلاقي والسلوكي للثقافة الإسلامية (تدريس الثقافة الإسلامية في الجامعات، بحوث المؤتمر الثالث لكلية الشريعة، 24-26، ربيع الثاني 1421هـ (25-2000/7/27م) تحرير د. عمر سلمان مكحل، الزرقاء، جامعة الزرقاء، 1422هـ/ 2001م.
- د. أحمد أمين، كتاب الأخلاق، ط2، دار الكتاب العربي، بيروت، 1921م.
- الحافظ العراقي، هامش الأحياء، "أنظر إحياء علوم الدين للغزالي".
- الغزالي، محمد بن محمد الطوسي، إحياء علوم الدين، القاهرة، مؤسسة الحلبي وشركاه، 1967م.
- جواهر القرآن، ط1، المكتبة التجارية،القاهرة، 1933م.
- ميزان العمل، بيروت، دار الكتاب العربي، 1983م.
- التهانوي، كشاف اصطلاح الفنون، المؤسسة المصرية العامة للتأليف والترجمة والطباعة والنشر، مكتبة النهضة المصرية، 1382هـ/ 1963م.
- ياقوت الحموي، معجم الأدباء، دار المستشرق، بيروت، (د.ت).
- التفتازاني، شرح المقاصد. دار الطباعة العامرة، القاهرة، 1277م.
- ابن مسكويه، تهذيب الأخلاق في التربية، دار الكتب العلمية، بيروت، 1401هـ/ 1981م.

- الزرقاني، مناهل العرفان في علوم القرآن، دار إحياء الكتب العربية، ط3، 1973.
- ابن خلدون، المقدمة، المكتبة التجارية الكبرى، القاهرة، (د.ت).
- د. رشدي عليان، و د. قحطان عبد الرحمن الدوري، أصول الدين الإسلامي، ط4، بغداد، 1990.
- د. رشدي عليان وآخرون، علوم الحديث ونصوص من الأثر، بغداد، 1980
- الفيروز أبادي، القاموس المحيط، ط2، مؤسسة فن الطباعة، المكتبة التجارية الكبرى، مصر، (د.ت).
- ابن منظور، لسان العرب، مطبعة دار صادر، بيروت، 1955م.
- د. يوسف مراد، مبادئ علم النفس العام.
- فاخر عاقل، علم النفس التربوي، دار العلم للملايين بيروت، 1972.
- د. عابد توفيق الهاشمي، طرق تدريس التربية الإسلامية، مؤسسة الرسالة، ط9، بيروت، (1406هـ/ 1985م).
- د. فؤاد أبو الهيجاء، طرق تدريس القرآنيات والإسلاميات وإعدادها بالأهداف السلوكية، دار المناهج، عمان، ط1، (1421هـ 2001م).
- د. يعقوب المليجي، الأخلاق في الإسلام، مؤسسة الثقافة الجامعية، الإسكندرية، (1405هـ/ 1985م).
- أبو النصر مبشر الطرزي الحسيني، مصر، 1987م.
- د. عمر سليمان الأشتر، نحو ثقافة إسلامية أصيلة ط5، دار النفائس للنشر والتوزيع، الأردن، (1416هـ 1996م).
- الأب بولص حنا سعد، همجية التعاليم الصهيونية، إصدار المكتب الإسلامي، ط2، 1983.

- محمد صبري (ترجمة وإعداد) شريعة بني إسرائيل، حقائق ووقائع مكتبة مـدبولي، القاهرة، (د.ت).

- وليام يعلي، مقدمـة في علـم الأخـلاق، ترجمـة وتقـديم وتعليـق الـدكتور عـلي عبـد المعطي محمد، منشأة المعارف، الإسكندرية، 2000م.

- فرانسـوا غريغـوار، المـذاهب الأخلاقيـة الكـبرى، ترجمـة قتيبـة المعـروفي منشـورات عويدات، بيروت، باريس، ط3، 1984.

- جاكلين روس، الفكر الأخلاقي المعاصر، عويدات للنشر والطباعة، بيروت، لبنـان، ط1، 2001.

- عبد الحفيظ أحمد علاوي البريزات، نظرية التربية الخلقية عنـد الإمـام الغـزالي، دار الفرقان، عمان، 1984.

- محمد الغزالي، خلق المسلم، دار الكتب الحديثة، القاهرة، 1394هـ 1974م.

- د. فؤاد حسين علي، التوراة عرض وتحليل، 1986م.

- أبو بكر الجزائري، كتاب منهاج مسلم، ط12، دار الشروق، جدة، (1414هـ/ 1994).

- الإمام الحافظ الذهبي، الكبائر، دار مكتبة الحياة، بيروت، (د.ت).

- د. فضل حسن عباس، خماسيات مختارة في تهذيب النفس الأمـارة، دار الفرقان، عمان (د.ت).

- الكتاب المقدس.

Printed in the United States
By Bookmasters